Sabores da Itália 2023

Receitas Regionais Para Se Deliciar

Sofia Rossi

TABELA DE CONTEÚDO

Sobremesa com uma crosta de açúcar queimado por um maçarico 9

Xícaras de mascarpone e café 12

Castanha "Montanha" 14

Pudim de chocolate 17

Pudim de Arroz com Pepitas de Chocolate 19

Creme De Caramelo De Café 21

Creme De Chocolate Caramelo 24

Creme de Caramelo Amaretti 27

Xarope simples para granita 30

Granita Limão 31

Melancia congelada 33

granita tangerina 35

Granita de vinho de morango 37

Café Granita 39

Granita cítrica e campari 41

Pêssego branco e prosecco granita 43

sorvete de chocolate 45

Prosecco granita de limão 47

Rosa Prosecco Granita 49

Sorvete de creme" 51

Gelado de limão 53

sorvete de ricota 54

sorvete de mascarpone 56

sorvete de canela 58

sorvete expresso 60

Sorvete de Nozes e Caramelo 62

Sorvete de Mel com Nougat 65

Gelato Amaretti 67

Sorvete "afogado" 69

Sorvete com Vinagre Balsâmico 70

trufas congeladas 71

Taças de creme de amêndoa 74

espuma laranja 77

semifredo de amêndoa 79

Bolo Florentino Frozen Dome 82

Molho de mascarpone com mel 85

Molho Fresco 86

Molho quente de frutas vermelhas 87

Molho de framboesa o ano todo 88

molho de chocolate quente 90

língua de gato 91

biscoitos de sêmola	94
Anéis Vin Santo	97
Biscoitos Marsala	99
biscoitos de vinho de gergelim	102
biscoitos de gergelim	104
bolos de anis	107
cebola assada	110
Cebola com Vinagre Balsâmico	112
Cebola Roxa Confitada	114
Salada de Beterraba Assada e Cebola	116
Cebola Pérola com Mel e Laranja	118
ervilhas com cebola	120
Ervilhas com presunto e cebola verde	122
Ervilhas doces com alface e hortelã	124
salada de ervilha	126
pimentão assado	128
Salada de pimenta assada	130
Pimentos assados com cebola e ervas	131
Pimentão Assado com Tomate	133
Pimentas com Vinagre Balsâmico	135
Pimenta em conserva	137
Pimentas com Amêndoas	139

Pimentão com Tomate e Cebola 141

Pimentos recheados 143

Pimentos recheados à moda napolitana 145

Pimentos Recheados, Estilo Ada Boni 148

pimentas fritas 150

Pimentão salteado com abobrinha e hortelã 152

Pimentão assado e terrina de beringela 154

batata doce e azeda 157

Batatas com Vinagre Balsâmico 159

Espetadas de Atum com Laranja 161

Atum e Pimentos Grelhados, Molise 163

Atum Grelhado com Limão e Orégãos 165

Bifes de atum grelhados crocantes 167

Atum grelhado com pesto de rúcula 169

Ensopado de Atum e Feijão Cannellini 171

peixe-espada siciliano com cebola 173

batatas venezianas 175

Batatas "salteadas" 177

Batatas e Pimentos Salteados 179

Purê de Batatas com Salsa e Alho 181

Batatas novas com ervas e bacon 183

Batata com Tomate e Cebola 185

Batatas Assadas com Alho e Alecrim ... 187

Batatas Assadas com Cogumelos ... 189

Batatas e couve-flor, estilo Basilicata ... 191

Batatas e repolho na panela ... 193

Torta de Batata e Espinafre ... 195

Croquetes de batata napolitana ... 198

Torta de Batata Napolitana do Papai ... 201

tomates fritos ... 204

tomates cozidos no vapor ... 206

tomates assados ... 207

Farro de Tomate Recheado ... 209

Tomate Recheado Romano ... 211

Tomates Assados com Vinagre Balsâmico ... 213

carpaccio de abobrinha ... 215

Sobremesa com uma crosta de açúcar queimado por um maçarico

creme bruciata

Rende 4 porções

No restaurante Il Matriciano, em Roma, o crème brûlée é assado em grandes assadeiras. A base do creme é espessa e rica em gemas e creme, e a cobertura de caramelo é dura, leve e crocante como caramelo. Esta é a minha interpretação da versão dele.

2 xícaras de creme de leite

3 colheres de açúcar

4 gemas grandes

1 colher de chá de extrato de baunilha puro

Adição

1/2 xícara de açúcar

3 colheres de sopa de água

1. Coloque uma grade no centro do forno. Pré-aqueça o forno a 300 ° F. Prepare uma assadeira rasa de 4 xícaras e uma grade de resfriamento de arame.

2. Em uma panela média, misture o creme de leite e o açúcar. Leve ao fogo médio, mexendo para dissolver o açúcar.

3. Em uma tigela grande, bata as gemas e a baunilha. Mexendo sempre, despeje o creme quente. Despeje a mistura na assadeira.

4. Coloque a assadeira em uma assadeira maior. Coloque a assadeira no forno. Despeje cuidadosamente a água quente na panela maior até atingir uma profundidade de 1 polegada na lateral da assadeira. Asse por 45 a 50 minutos, até ficar firme, mas ainda um pouco macio no centro. Transfira a assadeira para o rack para esfriar por 30 minutos. Cubra e refrigere.

5. Até 12 horas antes de servir, misture o açúcar e a água em uma panela pequena e pesada. Cozinhe em fogo médio, mexendo ocasionalmente, até que o açúcar esteja completamente dissolvido, cerca de 3 minutos. Quando a mistura começar a ferver, pare de mexer e cozinhe até que a calda comece a dourar nas bordas. Em seguida, gire suavemente a panela sobre o fogo até que a calda fique com uma cor marrom dourada uniforme, cerca de mais 2 minutos.

6.Usando uma toalha de papel, seque a superfície da mistura de creme frio na assadeira. Com cuidado, despeje a calda quente por cima. Retorne o prato à geladeira por 10 minutos até que o caramelo esteja firme.

7.Para servir, quebre o caramelo com a ponta de uma colher. Despeje o creme e o caramelo nos pratos de servir.

Xícaras de mascarpone e café

Taça de Mascarpone al Caffè

Rende 6 porções

Embora o mascarpone seja tipicamente feito na Lombardia, é frequentemente usado em sobremesas venezianas. Este mistura café e aromas em mascarpone e natas, com chocolate picado para lhe dar textura. É semelhante ao tiramisu, que também é do Veneto, embora não contenha biscoitos.

Você não precisa de nenhum equipamento sofisticado para fazer café expresso para esta sobremesa ou qualquer outra deste livro. Você pode usar uma cafeteira comum ou até mesmo um expresso instantâneo.

⅓ xícara de café expresso quente e forte

1/4 xícara de açúcar

¼ xícara de conhaque ou rum

4 onças (1/2 xícara) de mascarpone, em temperatura ambiente

1 xícara de creme de leite ou chantilly

1/2 xícara de chocolate meio amargo picado (cerca de 2 onças)

1. Pelo menos 20 minutos antes de preparar a sobremesa, coloque uma tigela média e os batedores da batedeira na geladeira. Junte o expresso e o açúcar. Mexa até que o açúcar dissolva. Adicione o conhaque. Deixe esfriar em temperatura ambiente.

2. Em uma tigela grande, misture o mascarpone e o café até ficar homogêneo. Retire a tigela e os batedores da geladeira. Despeje o creme na tigela e bata o creme em velocidade alta até que mantenha sua forma delicadamente quando os batedores forem levantados, cerca de 4 minutos.

3. Usando uma espátula flexível, dobre delicadamente o creme na mistura de mascarpone. Reserve 2 colheres (sopa) de chocolate para decorar e acrescente o restante do chocolate ao mascarpone.

4. Despeje a mistura em seis copos. Polvilhe com o chocolate reservado. Cubra e refrigere 1 hora até durante a noite.

Castanha "Montanha"

monte branco

Rende 6 porções

Esta montanha de purê de castanha, chantilly e raspas de chocolate tem o nome de Mont Blanc, Monte Bianco em italiano, um dos Alpes que separam a França e a Itália na região do Vale de Aosta.

Castanhas frescas com casca são fervidas, depois descascadas e aromatizadas com rum e chocolate para fazer esta sobremesa festiva. Pode evitar as etapas de cozedura e descascamento substituindo-as por castanhas cozidas a vácuo, inteiras ou em pedaços, que são vendidas em frascos ou latas. Você pode preparar a maior parte da receita várias horas antes de servir.

1 libra de castanhas frescas ou substitua 1 libra de castanhas cozidas sem açúcar embaladas a vácuo

1 colher de chá de sal

2 xícaras de leite integral

1/2 xícara de açúcar

3 onças de chocolate amargo, derretido

2 colheres de sopa de rum escuro ou claro ou conhaque

1 xícara de creme de leite ou chantilly

1/2 colher de chá de extrato de baunilha puro

Chocolate meio amargo ralado para decorar

1. Se estiver usando castanhas frescas, coloque-as com o lado plano para baixo em uma tábua de corte. Usando uma faca pequena e afiada, faça um corte na casca sem cortar a castanha. Coloque as castanhas em uma panela com água fria até cobrir dois centímetros e sal. Deixe ferver e cozinhe até ficar macio quando perfurado com uma faca, cerca de 15 minutos. Deixe esfriar um pouco na água. Retire as castanhas da água, uma a uma, e descasque-as ainda quentes, retirando tanto a casca exterior como a pele interior.

2. Coloque as castanhas sem casca, ou as castanhas embaladas a vácuo, em uma panela média. Junte o leite e o açúcar e leve ao fogo. Tampe e cozinhe, mexendo de vez em quando, até que as castanhas estejam macias, mas ainda mantenham a forma, cerca de 10 minutos para as embaladas a vácuo ou 20 minutos para as descascadas na hora.

3. Coloque as castanhas e o líquido do cozimento em um processador de alimentos com o rum. Processe até ficar homogêneo, cerca de 3 minutos. Adicione o chocolate derretido. Deixe esfriar em temperatura ambiente.

4. Despeje a mistura em um moedor de alimentos equipado com uma lâmina de orifício grande ou em um espremedor de batatas. Segurando o moinho sobre um prato de servir, enrole a mistura de castanha sobre a lâmina, formando um cone ou forma de "montanha". (Pode ser feito com até 3 horas de antecedência. Cubra com filme plástico e mantenha em temperatura ambiente fria.)

5. Pelo menos 20 minutos antes de servir, coloque uma tigela grande e os batedores da batedeira na geladeira. Retire a tigela e os batedores da geladeira. Despeje o creme na tigela e bata o creme em velocidade alta até que mantenha sua forma delicadamente quando os batedores forem levantados, cerca de 4 minutos.

6. Despeje o creme sobre a "montanha" de castanhas, deixando-o cair suavemente do pico como neve. Decore com o chocolate ralado.

Pudim de chocolate

Creme Cioccolato

Rende 8 porções

Cacau, chocolate e creme de leite tornam esta sobremesa rica, cremosa e saborosa. Sirva em pequenas porções com chantilly e chocolate ralado.

2/3 xícara de açúcar

1 1/4 xícara de amido de milho

3 colheres de sopa de cacau em pó sem açúcar

1 1/4 colher de chá de sal

2 xícaras de leite integral

1 xícara de creme de leite

4 onças de chocolate meio-amargo ou meio-amargo, picado, e mais para enfeitar (opcional)

1. Em uma tigela grande, peneire 1/3 xícara de açúcar, amido de milho, cacau e sal. Adicione 1/4 xícara de leite até ficar homogêneo e bem misturado.

2. Em uma panela grande, misture o restante 1/3 xícara de açúcar, 13/4 xícara de leite e creme de leite. Cozinhe em fogo médio, mexendo sempre, até que o açúcar se dissolva e a mistura comece a ferver, cerca de 3 minutos.

3. Usando um batedor, bata a mistura de cacau na mistura de leite quente. Cozinhe, mexendo, até que a mistura comece a ferver. Reduza o fogo para baixo e cozinhe até engrossar e ficar homogêneo, mais 1 minuto.

4. Despeje o conteúdo da panela em uma tigela grande. Adicione o chocolate e mexa até derreter e ficar homogêneo. Cubra firmemente com um pedaço de filme plástico, ajustando-o bem à superfície do pudim para evitar a formação de uma pele. Leve à geladeira até esfriar, 3 horas durante a noite.

5. Para servir, coloque o pudim em tigelas de sobremesa. Decore com um pouco de chocolate picado, se desejar, e sirva.

Pudim de Arroz com Pepitas de Chocolate

Budino di Riso al Cioccolato

Rende 6 porções

Comi este arroz-doce cremoso em Bolonha, onde os bolos e pudins de arroz são muito apreciados. Foi só quando experimentei que descobri que o que pareciam ser passas eram, na verdade, pedacinhos de chocolate agridoce. O chantilly ilumina este rico pudim, feito com arroz italiano de grão médio. Sirva sozinho ou comMolho de framboesa o ano todoqualquermolho de chocolate quente.

6 xícaras de leite integral

3 1/4 xícara de arroz de grão médio, como Arborio, Carnaroli ou Vialone Nano

1 1/2 colher de chá de sal

3 1/4 xícara de açúcar

2 colheres de sopa de rum escuro ou conhaque

1 colher de chá de extrato de baunilha puro

1 xícara de creme de leite ou chantilly

3 onças de chocolate amargo, picado

1. Em uma panela grande, misture o leite, o arroz e o sal. Leve o leite para ferver e cozinhe, mexendo sempre, até que o arroz esteja bem macio e o leite seja absorvido, cerca de 35 minutos.

2. Transfira o arroz cozido para uma tigela grande. Adicione o açúcar e deixe esfriar em temperatura ambiente. Adicione o rum e a baunilha.

3. Pelo menos 20 minutos antes de preparar a sobremesa, coloque uma tigela grande e os batedores da batedeira na geladeira.

4. Quando esfriar, retire a tigela e os batedores da geladeira. Despeje o creme na tigela e bata o creme em velocidade alta até que mantenha sua forma delicadamente quando os batedores forem levantados, cerca de 4 minutos.

5. Usando uma espátula flexível, dobre o chantilly e o chocolate picado na mistura de arroz. Sirva imediatamente ou cubra e leve à geladeira.

Creme De Caramelo De Café

pão de café

Rende 6 porções

Esta velha receita toscana tem a textura de um creme de caramelo, mas não contém leite nem natas. O creme é rico, escuro e denso, embora não tão pesado como se fosse feito com creme. O nome italiano mostra que em certa época era assado em forma de pão, pane em italiano.

2 xícaras de café expresso quente e forte

1 1/2 xícaras de açúcar

2 colheres de sopa de água

5 ovos grandes

1 colher de sopa de rum ou conhaque

1. Coloque uma grade no centro do forno. Pré-aqueça o forno a 350 ° F. Prepare 6 xícaras de creme à prova de calor.

2. Em uma tigela grande, bata o expresso com 3/4 xícara de açúcar até que o açúcar se dissolva. Deixe repousar até que o café esteja em temperatura ambiente, cerca de 30 minutos.

3. Em uma panela pequena e pesada, misture o restante de 3/4 xícara de açúcar e água. Cozinhe em fogo médio, mexendo ocasionalmente, até que o açúcar esteja completamente dissolvido, cerca de 3 minutos. Quando a mistura começar a ferver, pare de mexer e cozinhe até que a calda comece a dourar nas bordas. Em seguida, gire suavemente a panela sobre o fogo até que a calda fique com uma cor marrom dourada uniforme, cerca de mais 2 minutos. Protegendo a mão com uma luva de forno, despeje imediatamente o caramelo quente nas forminhas.

4. Em uma tigela grande, bata os ovos até misturar. Adicione o café frio e o rum. Despeje a mistura em uma peneira de malha fina em uma tigela e adicione aos copos de creme.

5. Coloque os copos em uma assadeira grande. Coloque a assadeira no centro do forno e despeje água quente na assadeira a uma profundidade de 1 polegada. Asse por 30 minutos ou até que uma faca inserida a 1/2 polegada do centro do creme saia limpa. Transfira as canecas da frigideira para o rack para esfriar. Cubra e refrigere pelo menos 3 horas ou durante a noite.

6. Para servir, passe uma pequena faca no interior de cada copo de creme. Invista em pratos de servir e sirva imediatamente.

Creme De Chocolate Caramelo

Crème Caramel al Cioccolato

Rende 6 porções

O creme de caramelo é um creme macio e sedoso. Gosto desta versão, com sabor a chocolate, que comi em Roma.

Doce

³1/4 xícara de açúcar

2 colheres de sopa de água

Creme

2 xícaras de leite integral

4 onças de chocolate amargo ou meio amargo, picado

³1/4 xícara de açúcar

4 ovos grandes

2 gemas grandes

1. Coloque uma grade no centro do forno. Pré-aqueça o forno a 350 ° F. Prepare 6 xícaras de creme à prova de calor.

2. Prepare o caramelo: Em uma panela pequena e pesada, misture o açúcar e a água. Cozinhe em fogo médio, mexendo ocasionalmente, até que o açúcar esteja completamente dissolvido, cerca de 3 minutos. Quando a mistura começar a ferver, pare de mexer e cozinhe até que a calda comece a dourar nas bordas. Em seguida, gire suavemente a panela sobre o fogo até que a calda fique com uma cor marrom dourada uniforme, cerca de mais 2 minutos. Protegendo a mão com uma luva de forno, despeje imediatamente o caramelo quente nas forminhas.

3. Prepare o creme: Em uma panela pequena, aqueça o leite em fogo baixo até formar pequenas bolhas nas bordas. Retire do fogo. Adicione o chocolate e os 3/4 de xícara de açúcar restantes e deixe repousar até que o chocolate derreta. Mexa até misturar.

4. Em uma tigela grande, bata os ovos e as gemas até misturar. Adicione o achocolatado ao leite. Despeje a mistura em uma peneira de malha fina em uma tigela e adicione aos copos de creme.

5. Coloque os copos em uma assadeira grande. Coloque no centro do forno. Despeje cuidadosamente a água quente na panela a uma profundidade de 1 polegada. Asse por 20 a 25 minutos ou até que uma faca inserida 1/2 polegada do centro do creme saia

limpa. Transfira as canecas da frigideira para o rack para esfriar. Cubra e refrigere pelo menos 3 horas ou durante a noite.

6.Para servir, passe uma pequena faca no interior de cada copo de creme. Invista em pratos de servir e sirva imediatamente.

Creme de Caramelo Amaretti

osso

Rende 8 porções

Os cremes costumam ser macios, mas esta versão piemontesa é agradavelmente granulada porque é feita com biscoitos amaretti triturados. Muitas vezes é assado em uma tigela, e o nome vem de uma palavra do dialeto para a coroa de um chapéu. Prefiro assar em uma forma de bolo em camadas (não em uma forma de mola), porque é mais fácil de cortar e servir assim.

Doce

2/3 xícara de açúcar

1 1/4 xícara de água

Quindim

3 xícaras de leite integral

4 ovos grandes

1 xícara de açúcar

1 xícara de cacau em pó sem açúcar processado na Holanda

¾ xícara de biscoitos amaretti italianos importados finamente triturados (cerca de 12)

2 colheres de rum escuro

1 colher de chá de extrato de baunilha puro

1. Prepare o caramelo: Em uma panela pequena e pesada, misture o açúcar e a água. Cozinhe em fogo médio, mexendo ocasionalmente, até que o açúcar esteja completamente dissolvido, cerca de 3 minutos. Quando a mistura começar a ferver, pare de mexer e cozinhe até que a calda comece a dourar nas bordas. Em seguida, gire suavemente a panela sobre o fogo até que a calda fique com uma cor marrom dourada uniforme, cerca de mais 2 minutos. Protegendo sua mão com uma luva de forno, despeje imediatamente o caramelo em uma forma de bolo de 8 ou 9 polegadas. Incline a forma para cobrir o fundo e parte dos lados com o caramelo.

2. Coloque uma grade no centro do forno. Pré-aqueça o forno a 325 ° F. Coloque uma assadeira grande o suficiente para segurar a assadeira no centro do forno.

3. Prepare o creme: em uma panela grande e pesada, aqueça o leite em fogo baixo até formar pequenas bolhas nas bordas.

4. Enquanto isso, em uma tigela grande, bata os ovos com o açúcar até combinar. Adicione cacau, migalhas de biscoito, rum e baunilha. Acrescente aos poucos o leite quente.

5. Despeje a mistura de creme através de uma peneira de malha fina na panela preparada. Coloque a assadeira no centro da assadeira. Despeje cuidadosamente água muito quente na assadeira a uma profundidade de 1 polegada.

6. Asse por 1 hora e 10 minutos ou até que o topo esteja firme, mas o centro ainda ligeiramente ondulado. (Protegendo sua mão com uma luva de forno, agite a panela suavemente.) Tenha um rack de resfriamento pronto. Transfira a frigideira para o rack para esfriar por 15 minutos. Cubra e leve à geladeira por 3 horas até a noite.

7. Para desenformar, passe uma faca pequena ao redor da borda interna da forma. Inverta o creme em um prato de servir. Corte em fatias para servir imediatamente.

Xarope simples para granita

Rende 1 1/4 xícara

Se quiser fazer granitas a qualquer hora, dobre ou triplique esta receita e guarde em pote fechado na geladeira por até duas semanas.

1 xícara de água fria

1 xícara de açúcar

1. Em uma panela pequena, misture a água e o açúcar. Deixe ferver em fogo médio e cozinhe, mexendo ocasionalmente, até que o açúcar se dissolva, cerca de 3 minutos.

2. Deixe a calda esfriar um pouco. Despeje em um recipiente, cubra e leve à geladeira até que esteja pronto para usar.

Granita Limão

Granita Limão

Rende 6 porções

O melhor refresco de verão: sirva como está com uma rodela de limão e um raminho de hortelã ou misture em coquetéis de verão. A granita de limão também dá um bom affogato, que significa "afogado", com uma boa dose de grappa ou limoncello, o delicioso licor de limão de Capri.

1 xícara de água

2/3 xícara de açúcar

2 1/2 xícaras de cubos de gelo

1 colher de chá de raspas de limão

1 1/2 xícara de suco de limão espremido na hora

1. Em uma panela pequena, misture a água e o açúcar. Deixe ferver em fogo médio e cozinhe, mexendo ocasionalmente, até que o açúcar se dissolva, cerca de 3 minutos. Deixe esfriar um pouco. Coloque os cubos de gelo em uma tigela grande e despeje a calda

sobre os cubos de gelo. Mexa até o gelo derreter. Leve à geladeira até esfriar, cerca de 1 hora.

2. Resfrie uma frigideira de metal de 13 × 9 × 2 polegadas no freezer. Em uma tigela média, misture o xarope de açúcar, as raspas de limão e o suco de limão. Retire a assadeira do freezer e despeje a mistura nela. Congele por 30 minutos ou até que uma borda de 2,5 cm de cristais de gelo se forme nas bordas.

3. Mexa os cristais de gelo no centro da mistura. Retorne a panela ao freezer e continue congelando, mexendo a cada 30 minutos, até que todo o líquido esteja congelado, cerca de 2 a 2 horas e meia. Sirva imediatamente ou raspe a mistura em um recipiente de plástico, cubra e guarde no freezer por até 24 horas.

4. Retire do congelador para amolecer cerca de 15 minutos antes de servir, se necessário.

Melancia congelada

Granita di Cocomero

Rende 6 porções

O sabor desta granita é tão concentrado e a frescura tão refrescante que chega a ser melhor que a melancia fresca. É um dos favoritos na Sicília, onde os verões podem ser extremamente quentes.

1 xícara de água

1/2 xícara de açúcar

4 xícaras de pedaços de melancia, sem sementes

2 colheres de sopa de suco de limão fresco ou a gosto

1. Em uma panela pequena, misture a água com o açúcar. Deixe ferver em fogo médio e cozinhe, mexendo ocasionalmente, até que o açúcar se dissolva, cerca de 3 minutos. Deixe esfriar um pouco e leve à geladeira até esfriar, cerca de 1 hora.

2. Resfrie uma frigideira de metal de 13 × 9 × 2 polegadas no freezer. Coloque os pedaços de melancia em um liquidificador ou processador de alimentos e bata até ficar homogêneo. Despeje através de uma peneira de malha fina em uma tigela para

remover quaisquer pedaços de sementes. Você deve ter cerca de 2 xícaras de suco.

3. Em uma tigela grande, misture o suco e a calda. Adicione suco de limão a gosto.

4. Retire a assadeira do freezer e despeje a mistura nela. Congele por 30 minutos ou até que uma borda de 2,5 cm de cristais de gelo se forme nas bordas. Mexa os cristais de gelo no centro da mistura. Retorne a panela ao freezer e continue congelando, mexendo a cada 30 minutos, até que todo o líquido esteja congelado, cerca de 2 a 2 horas e meia. Sirva imediatamente ou raspe a mistura em um recipiente de plástico, cubra e guarde no freezer por até 24 horas.

5. Retire do congelador para amolecer cerca de 15 minutos antes de servir, se necessário.

granita tangerina

granito mandarim

Rende 4 porções

O sul da Itália é abundante em todos os tipos de frutas cítricas. Eu tinha essa granita em Taranto, na Puglia. Desta forma, você pode preparar sucos de tangerina, tangelo, clementina ou tangerina.

Não fique tentado a adicionar mais licor a esta mistura, ou o álcool pode impedir que ela congele.

1 copo friocalda comum

1 xícara de suco de tangerina fresco (de cerca de 4 tangerinas médias)

1 colher de chá de raspas de tangerina ralada na hora

2 colheres de sopa de licor de tangerina ou laranja

1. Prepare o xarope simples, se necessário, e leve à geladeira. Em seguida, coloque uma forma de metal de 13 × 9 × 2 polegadas no freezer.

2. Em uma tigela grande, misture o suco, as raspas, o xarope e o licor até ficar bem misturado. Retire a assadeira fria do congelador e despeje o líquido na assadeira.

3. Coloque a forma no freezer por 30 minutos ou até que uma borda de cristais de gelo de 2,5 cm se forme nas bordas. Mexa os cristais de gelo no centro da mistura. Retorne a panela ao freezer e continue congelando, mexendo a cada 30 minutos, até que todo o líquido esteja congelado, cerca de 2 a 2 horas e meia. Sirva imediatamente ou raspe a mistura em um recipiente de plástico, cubra e guarde no freezer por até 24 horas.

4. Retire do congelador para amolecer cerca de 15 minutos antes de servir, se necessário.

Granita de vinho de morango

Granita di Fragola al Vino

Rende de 6 a 8 porções

Com morangos maduros frescos fica delicioso, mas mesmo os morangos normais ficam ótimos nessa raspadinha.

2 litros de morangos, lavados e descascados

1/2 xícara de açúcar ou a gosto

1 cálice de vinho branco seco

2 a 3 colheres de sopa de suco de limão fresco

1. Coloque uma frigideira de 13 × 9 × 2 polegadas no freezer para esfriar. Corte os morangos ao meio ou, se forem grandes, em quartos. Em uma panela grande, misture os morangos, o açúcar e o vinho. Deixe ferver e cozinhe por 5 minutos, mexendo ocasionalmente, até que o açúcar se dissolva. Retire do fogo e deixe esfriar. Leve à geladeira até esfriar, pelo menos 1 hora.

2. Despeje a mistura em um processador de alimentos ou liquidificador. Bata até ficar homogêneo. Adicione suco de limão a gosto.

3. Retire a assadeira fria do congelador e despeje a mistura na assadeira. Coloque a forma no freezer por 30 minutos ou até que uma borda de cristais de gelo de 2,5 cm se forme nas bordas. Mexa os cristais de gelo no centro da mistura. Retorne a panela ao freezer e continue congelando, mexendo a cada 30 minutos, até que todo o líquido esteja congelado, cerca de 2 a 2 horas e meia. Sirva imediatamente ou raspe a mistura em um recipiente de plástico, cubra e guarde no freezer por até 24 horas.

4. Retire do congelador para amolecer cerca de 15 minutos antes de servir, se necessário.

Café Granita

Granita di Caffe

Rende 8 porções

O Caffè Tazza d'Oro, perto do Panteão de Roma, faz alguns dos melhores cafés da cidade. No verão, turistas e nativos mudam para sua granita di caffè, sorvetes de café expresso, servidos com ou sem uma colherada de chantilly fresco. É fácil de fazer e refrescante depois de uma refeição de verão.

4 xícaras de água

5 colheres de chá bem cheias de café expresso em pó

2 a 4 colheres de açúcar

Chantilly (opcional)

1. Coloque uma frigideira de 13 × 9 × 2 polegadas no freezer para esfriar. Traga água para a fervura. Retire do fogo. Adicione pó de café instantâneo e açúcar a gosto. Deixe esfriar um pouco e cubra. Leve à geladeira até esfriar, cerca de 1 hora.

2. Retire a panela fria do congelador e despeje o café na panela. Congele até que uma borda de cristais de gelo de 1 polegada se

forme nas bordas. Mexa os cristais de gelo no centro da mistura. Retorne a panela ao freezer e continue congelando, mexendo a cada 30 minutos, até que todo o líquido esteja congelado, cerca de 2 a 2 horas e meia.

3. Sirva imediatamente, coberto com o creme, se estiver usando, ou raspe a mistura em um recipiente de plástico, cubra e guarde no freezer por até 24 horas.

4. Retire do congelador para amolecer cerca de 15 minutos antes de servir, se necessário.

Granita cítrica e campari

Granita di Agrumi e Campari

Rende 6 porções

Campari, um aperitivo vermelho brilhante, é normalmente bebido com gelo ou misturado com refrigerante antes de uma refeição. Para esta granita, combina-se com sumo de citrinos. O Campari tem uma borda agradavelmente amarga que é muito refrescante, e a granita é de uma linda cor rosa.

1 xícara de água

1 1/2 xícara de açúcar

2 xícaras de suco de toranja espremido na hora

1 xícara de suco de laranja espremido na hora

1 colher de chá de raspas de laranja

3/4 cup Campari

1. Coloque uma frigideira de 13 × 9 × 2 polegadas no freezer para esfriar por pelo menos 15 minutos. Combine a água e o açúcar em uma panela pequena. Deixe ferver em fogo médio e cozinhe,

mexendo ocasionalmente, até que o açúcar se dissolva. Mexa bem. Retire do fogo e deixe esfriar. Esfrie a calda.

2.Misture xarope frio, sucos, Campari e raspas de laranja.

3.Retire a assadeira fria do congelador e despeje a mistura na assadeira. Coloque a forma no freezer por 30 minutos ou até que uma borda de cristais de gelo de 2,5 cm se forme nas bordas. Mexa os cristais de gelo no centro da mistura. Retorne a panela ao freezer e continue congelando, mexendo a cada 30 minutos, até que todo o líquido esteja congelado, cerca de 2 a 2 horas e meia. Sirva imediatamente ou raspe a mistura em um recipiente de plástico, cubra e guarde no freezer por até 24 horas.

4.Retire do congelador para amolecer cerca de 15 minutos antes de servir, se necessário.

Pêssego branco e prosecco granita

Granita di Pesche e Prosecco

Rende 6 porções

Esta granita é inspirada no Bellini, um delicioso coquetel que ficou famoso no Harry's Bar de Veneza. Um Bellini é feito com o suco de pêssegos brancos e prosecco, um vinho branco espumante da região de Veneto.

O açúcar refinado se mistura mais facilmente do que o granulado, mas se não encontrar, use um poucocalda comumprovar.

5 pêssegos brancos médios maduros, descascados e cortados em pedaços

1 1/2 xícara de açúcar superfino

2 colheres de sopa de suco de limão fresco ou a gosto

1 xícara de prosecco ou outro vinho branco espumante seco

1. Coloque uma frigideira de 13 × 9 × 2 polegadas no freezer para esfriar por pelo menos 15 minutos. Em um liquidificador ou processador de alimentos, misture os pêssegos, o açúcar refinado e o suco de limão. Misture ou processe até que o açúcar esteja completamente dissolvido. Adicione o vinho.

2. Retire a assadeira fria do congelador e despeje a mistura na assadeira. Coloque a forma no freezer por 30 minutos ou até que uma borda de cristais de gelo de 2,5 cm se forme nas bordas. Mexa os cristais de gelo no centro da mistura. Retorne a panela ao freezer e continue congelando, mexendo a cada 30 minutos, até que todo o líquido esteja congelado, cerca de 2 a 2 horas e meia. Sirva imediatamente ou raspe a mistura em um recipiente de plástico, cubra e guarde no freezer por até 24 horas.

3. Retire do congelador para amolecer cerca de 15 minutos antes de servir, se necessário.

sorvete de chocolate

Cioccolato Sorbetto

Rende 6 porções

Um sorvete é uma sobremesa congelada de textura suave que contém leite ou clara de ovo para dar cremosidade. Esta é a minha versão do sorvete que comi no Caffè Florian, uma histórica cafeteria e casa de chá na Piazza San Marco, em Veneza.

1/2 xícara de açúcar

3 onças de chocolate amargo, desintegrado

1 xícara de água

1 xícara de leite integral

1. Em uma panela pequena, misture todos os ingredientes. Leve para ferver em fogo médio. Cozinhe, mexendo sempre com um batedor, até ficar homogêneo e homogêneo, cerca de 5 minutos.

2. Despeje a mistura em uma tigela média. Cubra e leve à geladeira até esfriar.

3. Siga as instruções do fabricante em seu freezer de sorvete ou congele em moldes rasos até ficar firme, mas não duro, cerca de 2 horas. Raspe a mistura em uma tigela da batedeira e bata até ficar homogêneo. Embale em um recipiente plástico, tampe e guarde no freezer. Sirva em 24 horas.

Prosecco granita de limão

sgroppino

Rende 4 porções

Os venezianos gostam de terminar suas refeições com um sgroppino, um sofisticado e cremoso sorbet de limão granita batido com prosecco, um espumante branco seco. Precisa ser feito de última hora, e é uma sobremesa divertida de se fazer à mesa. Eu gosto de servir em copos de martini. Use uma palha de limão comprada em loja de boa qualidade. Não é tradicional, mas laranja também ficaria legal.

1 xícara de sorvete de limão

1 xícara de prosecco ou outro espumante seco bem frio

Raminhos de hortelã

1. Várias horas antes de planejar servir a sobremesa, esfrie 4 copos altos ou copos parfait na geladeira.

2. Pouco antes de servir, retire o canudo do congelador. Deixe repousar em temperatura ambiente até ficar macio o suficiente para remover, cerca de 10 minutos. Despeje o canudo em uma tigela média. Bata até ficar homogêneo e liso.

3.Adicione lentamente o prosecco e bata brevemente com um batedor até ficar cremoso e homogêneo. Despeje rapidamente a lama em taças de vinho geladas ou taças de martini. Decore com hortelã. Sirva imediatamente.

Rosa Prosecco Granita

Sgroppino alle Fragole

Rende 6 porções

Se os morangos frescos em seu mercado não estiverem maduros e perfumados, tente usar morangos congelados para esta sobremesa fácil.

1 xícara de morangos fatiados

1 a 2 colheres de açúcar

1 xícara de sorvete de limão

1 xícara de prosecco ou outro espumante seco

Morangos frescos pequenos ou fatias de limão, para decorar

1. Várias horas antes de planejar servir a sobremesa, esfrie 6 copos altos ou parfait na geladeira.

2. Coloque os morangos e 1 colher de sopa de açúcar em um processador de alimentos ou liquidificador. Bata as bagas até ficar homogêneo. Prove a doçura. Adicione mais açúcar, se necessário.

3. Pouco antes de servir, retire o canudo do congelador. Deixe repousar em temperatura ambiente até ficar macio o suficiente para remover, cerca de 10 minutos. Despeje o canudo em uma tigela média. Bata até ficar homogêneo e liso. Adicione o purê de morango. Adicione rapidamente o vinho e bata até a mistura ficar cremosa e lisa. Despeje em copos gelados. Decore com morangos ou rodelas de limão e sirva imediatamente.

Sorvete de creme"

Sorvete de Creme

Rende de 6 a 8 porções

Uma pitada de sabor de limão neste sorvete leve e com sabor fresco. Adoro fazê-lo quando os morangos locais estão na estação e servi-los juntos.

3 xícaras de leite integral

4 gemas

2/3 xícara de açúcar

1 colher de chá de extrato de baunilha puro

1 colher de chá de raspas de limão

1. Em uma panela média, aqueça o leite em fogo médio até que pequenas bolhas se formem na borda da panela. Não ferva o leite. Retire do fogo.

2. Em uma tigela refratária, bata as gemas e o açúcar até engrossar e misturar bem. Adicione o leite quente, lentamente no início, e

bata constantemente até que todo o leite esteja misturado. Adicione as raspas de limão.

3. Despeje a mistura de volta na panela. Coloque a panela em fogo médio. Cozinhe, mexendo sempre com uma colher de pau, até que o vapor comece a subir da panela e o creme engrosse levemente, cerca de 5 minutos.

4. Despeje o creme através de uma peneira de malha em uma tigela. Adicione a baunilha. Deixe esfriar um pouco, cubra e leve à geladeira até esfriar completamente, cerca de 1 hora.

5. Congele em uma sorveteira de acordo com as instruções do fabricante. Embale o sorvete em um recipiente de plástico, cubra e congele por até 24 horas.

Gelado de limão

Sorvete De Limão

Rende de 3 a 4 porções

Você precisará de dois a três limões grandes para obter suco e raspas suficientes para este sorvete simples e delicioso.

1/2 xícara de suco de limão espremido na hora

1 colher de sopa de raspas de limão fresco

1 xícara de açúcar

1 litro meio a meio

1. Em uma tigela média, misture o suco de limão, as raspas e o açúcar e mexa bem. Deixe repousar 30 minutos.

2. Adicione meio a meio e mexa bem. Despeje a mistura no recipiente de uma sorveteira e siga as instruções do fabricante para congelar.

3. Embale o sorvete em um recipiente de plástico, cubra e congele por até 24 horas.

sorvete de ricota

Sorvete De Ricota

Rende de 6 a 8 porções

Sorvete de ricota é o sabor favorito da Giolitti, uma das excelentes sorveterias romanas. Todas as noites de verão, grandes multidões se reúnem para comprar cones recheados com seus deliciosos sundaes.

Algumas colheres de sopa de chocolate picado ou pistache podem ser adicionadas à mistura de sorvete. Sirva este rico sorvete em pequenas porções, regado com um pouco de licor de laranja ou rum, se quiser.

As raspas de laranja e cidra cristalizadas estão disponíveis em lojas especializadas na Itália e no Oriente Médio ou por correspondência.fontes.

16 onças de ricota fresca, inteira ou parcialmente desnatada

1 1/2 xícara de açúcar

2 colheres de sopa de Marsala doce ou seco

1 colher de chá de extrato de baunilha puro

¹1/2 xícara de creme de leite frio ou chantilly

2 colheres de sidra picada

2 colheres de sopa de raspas de laranja cristalizadas picadas

1. Pelo menos 20 minutos antes de preparar a sobremesa, coloque uma tigela grande e os batedores da batedeira na geladeira. Coloque a ricota em uma peneira de malha fina sobre uma tigela. Usando uma espátula de borracha, empurre a ricota através do filtro e na tigela. Bata o açúcar, o Marsala e a baunilha.

2. Retire a tigela e os batedores da geladeira. Despeje o creme na tigela e bata o creme em velocidade alta até que mantenha sua forma delicadamente quando os batedores forem levantados, cerca de 4 minutos.

3. Com uma espátula flexível, misture o creme de leite, a sidra e as raspas na mistura de ricota. Raspe a mistura na tigela de uma sorveteira e congele de acordo com as instruções do fabricante.

4. Embale o sorvete em um recipiente de plástico, cubra e congele por até 24 horas.

sorvete de mascarpone

sorvete de mascarpone

Rende 4 porções

O mascarpone torna-o mais rico do que o gelado habitual.

1 xícara de leite integral

1 xícara de açúcar

1/2 xícara de mascarpone

1/2 xícara de suco de limão espremido na hora

1 colher de chá de raspas de limão

1. Em uma panela pequena, misture o leite e o açúcar. Cozinhe em fogo baixo, mexendo sempre, até que o açúcar se dissolva, cerca de 3 minutos. Deixe esfriar um pouco.

2. Junte o mascarpone e bata até ficar homogêneo. Adicione o suco de limão e as raspas.

3. Congele em uma sorveteira de acordo com as instruções do fabricante.

4. Embale o sorvete em um recipiente de plástico, cubra e congele por até 24 horas.

sorvete de canela

gelato de canela

Rende 6 porções

Em um verão na Itália, alguns anos atrás, este sorvete foi a última moda servido comMolho quente de frutas vermelhas, e comi alegremente várias vezes. O sorvete é delicioso sozinho, ou experimente commolho moca.

2 xícaras de leite integral

1 xícara de creme de leite

1 (2 polegadas) tira raspas de limão

1/2 colher de chá de canela em pó

4 gemas grandes

1/2 xícara de açúcar

1. Em uma panela média, misture o leite, o creme de leite, as raspas de limão e a canela. Aqueça em fogo baixo até formar pequenas bolhas nas bordas. Retire do fogo.

2. Em uma tigela grande resistente ao calor, bata as gemas e o açúcar até formar uma espuma. Aos poucos, despeje o leite morno na mistura de gema de ovo, batendo até misturar.

3. Despeje a mistura de volta na panela. Coloque a panela em fogo médio. Cozinhe, mexendo sempre com uma colher de pau, até que o vapor comece a subir da panela e o creme engrosse levemente, cerca de 5 minutos.

4. Despeje o creme através de uma peneira de malha em uma tigela. Deixar esfriar. Cubra e leve à geladeira por pelo menos 1 hora ou durante a noite. (Para esfriar a mistura de creme rapidamente, despeje-a em uma tigela dentro de uma tigela maior cheia de água gelada. Mexa a mistura com frequência.)

5. Congele a mistura em um freezer de sorvete de acordo com as instruções do fabricante. Embale o sorvete em um recipiente de plástico, cubra e congele por até 24 horas.

sorvete expresso

Gelato di Caffe

Rende de 6 a 8 porções

Em casa, a maioria dos italianos prepara o café em uma panela especialmente projetada no fogão. Empurra vapor quente, não água quente, através do café, e é isso que faz um expresso clássico.

Mas você pode fazer um bom café com grãos de café expresso em uma cafeteira comum. Apenas certifique-se de usar um expresso de boa qualidade e torná-lo forte, especialmente para este sorvete. É celestial coroado commolho de chocolate quente.

2 xícaras de leite integral

2/3 xícara de açúcar

3 gemas grandes

1 xícara de café expresso forte

1. Em uma panela pequena, aqueça o leite com o açúcar até formar pequenas bolhas nas bordas, cerca de 3 minutos. Mexa até que o açúcar dissolva.

2. Em uma tigela grande resistente ao calor, bata as gemas até ficarem amarelas pálidas. Acrescente aos poucos o leite quente. Despeje a mistura na panela. Cozinhe em fogo baixo, mexendo sempre com uma colher de pau, até que o vapor suba da superfície e a mistura engrosse levemente. Despeje imediatamente a mistura através de uma peneira de malha fina em uma tigela. Adicione o café coado. Cubra e refrigere por pelo menos 1 hora.

3. Congele a mistura em um freezer de sorvete de acordo com as instruções do fabricante. Embale o sorvete em um recipiente de plástico, cubra e congele por até 24 horas.

Sorvete de Nozes e Caramelo

Gelato di Noci

Rende 6 porções

Regue um pouco de rum ou conhaque sobre este sorvete antes de servir.

1 1/4 xícaras de açúcar

1 1/4 xícara de água

1 xícara de creme de leite

2 xícaras de leite integral

5 gemas grandes

1 colher de chá de extrato de baunilha puro

3 1/4 xícara de nozes

1. Em uma panela pequena e pesada, misture o açúcar e a água. Cozinhe em fogo médio, mexendo ocasionalmente, até que o açúcar esteja completamente dissolvido, cerca de 3 minutos. Quando a mistura começar a ferver, pare de mexer e cozinhe até que a calda comece a dourar nas bordas. Em seguida, gire

suavemente a panela sobre o fogo até que a calda fique com uma cor marrom dourada uniforme, cerca de mais 2 minutos.

2. Retire a panela do fogo. Quando parar de borbulhar, despeje o creme com cuidado. Tenha cuidado, pois o caramelo pode borbulhar. Quando todo o creme tiver sido adicionado, o caramelo endurecerá. Retorne a panela ao fogo. Cozinhe, mexendo sempre, até o caramelo ficar líquido e macio. Despeje a mistura em uma tigela grande.

3. Na mesma panela, aqueça o leite até formar pequenas bolhas na borda da panela, cerca de 3 minutos.

4. Em uma tigela refratária média, bata as gemas com o restante 1/4 xícara de açúcar até misturar bem. Acrescente aos poucos o leite quente. Despeje a mistura na panela e leve ao fogo baixo, mexendo sempre, até que o vapor suba da superfície e a mistura fique levemente espessa.

5. Despeje imediatamente a mistura de gema de ovo por uma peneira de malha fina na tigela com o caramelo. Adicione a baunilha e mexa até ficar homogêneo. Cubra e leve à geladeira por pelo menos 1 hora.

6. Coloque uma grade no centro do forno. Pré-aqueça o forno a 350 ° F. Espalhe as nozes em uma panela pequena. Asse, mexendo

uma ou duas vezes, por 10 minutos ou até tostar levemente. Esfregue os pedaços de noz com uma toalha para remover um pouco da pele. Deixar esfriar. Pique em pedaços grandes.

7.Congele a mistura em um freezer de sorvete de acordo com as instruções do fabricante.

8.Quando o sorvete estiver pronto, adicione as nozes. Embale o sorvete em um recipiente de plástico, cubra e congele por até 24 horas.

Sorvete de Mel com Nougat

Gelato di Miele al Torrone

Rende 6 porções

Os italianos adoram mel, especialmente se for feito por abelhas que polinizam flores perfumadas e árvores como lavanda e castanha. O mel é espalhado na torrada, regado com queijo e usado na culinária. Esse sorvete fica com o sabor do tipo de mel usado, então procure um que tenha um sabor interessante.

Existem dois tipos de torrone na Itália. Um deles é um doce de nougat mais suave, feito com mel, clara de ovo e nozes. O outro tipo, fácil de fazer em casa (veramêndoa quebradiça), é um praliné duro, feito com açúcar, água e nozes. Ambos os tipos de torrone também são vendidos em palitos e podem ser encontrados em mercearias e confeitarias italianas, principalmente na época do Natal.

A cobertura do torrone é opcional, mas muito boa. Tanto os macios quanto os duros podem ser usados.

2 xícaras de leite integral

4 gemas grandes

1/2 xícara de mel

1 xícara de creme de leite

Aproximadamente 6 colheres de sopa de rum ou conhaque

1/2 xícara de torrone finamente picado (opcional)

1. Em uma panela média, aqueça o leite em fogo baixo até formar pequenas bolhas na borda da panela, cerca de 3 minutos.

2. Em uma tigela grande resistente ao calor, bata as gemas e o mel até ficar homogêneo. Acrescente aos poucos o leite quente. Despeje a mistura na panela e leve ao fogo baixo, mexendo sempre, até que o vapor suba da superfície e a mistura engrosse levemente.

3. Despeje imediatamente a mistura através de uma peneira de malha fina em uma tigela. Adicione o creme. Cubra e leve à geladeira até esfriar, cerca de 1 hora.

4. Congele a mistura em um freezer de sorvete de acordo com as instruções do fabricante. Embale o sorvete em um recipiente de plástico. Cubra e congele até 24 horas. Sirva cada porção coberta com um montão de rum ou conhaque e uma pitada de torrone amassado.

Gelato Amaretti

Gelato Amaretti

Rende de 6 a 8 porções

Os italianos adoram amaretti, biscoitos de amêndoa leves e crocantes, sozinhos ou em suas sobremesas. Chips crocantes de biscoito amaretti enfeitam este sorvete. Sirva com um pouco de licor amaretto.

2 xícaras de leite integral

4 gemas grandes

1/2 xícara de açúcar

1 xícara de creme de leite

1 colher de chá de extrato de baunilha puro

1 xícara de biscoito amaretti grosseiramente triturado

1. Aqueça o leite em uma panela grande em fogo baixo até que pequenas bolhas se formem nas bordas, cerca de 3 minutos.

2. Em uma tigela grande resistente ao calor, bata as gemas e o açúcar até misturar bem. Adicione o leite quente aos poucos,

mexendo sempre. Quando todo o leite tiver sido adicionado, despeje a mistura na panela. Cozinhe em fogo médio, mexendo sempre, até que o vapor suba da superfície e a mistura engrosse levemente.

3. Despeje imediatamente a mistura através de uma peneira de malha fina em uma tigela. Adicione o creme de leite e a baunilha. Cubra e leve à geladeira até esfriar, cerca de 1 hora.

4. Congele o sorvete em um freezer de sorvete, seguindo as instruções do fabricante. Quando estiver congelado, adicione as migalhas. Embale o sorvete em um recipiente de plástico, cubra e congele por até 24 horas.

Sorvete "afogado"

Affogato Gelato

Rende 4 porções

Qualquer sabor de sorvete pode ser "afogado" em um café expresso quente, mas nozes e creme de caramelo são dois dos meus favoritos. O sorvete derrete ligeiramente, criando um molho cremoso. Você pode omitir o licor, se desejar.

4 colheres de sopa de doce de nozes qualquer Sorvete de creme"

1/2 xícara de café expresso quente

2 colheres de sopa de licor de laranja ou amaretto (opcional)

1. Prepare o sorvete, se necessário. Coloque o sorvete em duas tigelas.

2. Se estiver usando licor, em uma tigela pequena, misture o expresso e o licor e despeje a mistura sobre o sorvete. Sirva imediatamente.

Sorvete com Vinagre Balsâmico

gelato balsâmico

Rende 4 porções

Sorvete e vinagre podem parecer uma combinação estranha, e seria se fosse feito com vinagre balsâmico comum. Para esta sobremesa única, popular em Parma, apenas o melhor balsâmico envelhecido deve ser usado como um molho suave e levemente adstringente em cima do sorvete doce. A variedade do supermercado seria muito nítida.

4 bolas de sorvete de baunilha premium ou iogurte congelado, ouSorvete de creme", suavizado

2 a 3 colheres de chá de vinagre balsâmico bem envelhecido

Prepare o sorvete, se necessário. Disponha o sorvete em pratos de servir. Regue com o vinagre balsâmico. Sirva imediatamente.

trufas congeladas

tartufo

Rende 6 porções

Desde minha primeira viagem à Itália em 1970, não posso ir a Roma sem uma breve parada no Tre Scalini na Piazza Navona para uma trufa. Este café popular é conhecido há anos por suas deliciosas trufas congeladas, bolas de sorvete enroladas em flocos de chocolate ricos em torno de um coração de cereja azedo. Trufas congeladas são fáceis de fazer em casa e fazem uma sobremesa festiva. Apenas certifique-se de manter tudo muito frio e trabalhar rapidamente. Uma colher grande de sorvete com uma alavanca de mola para liberar o sorvete é a melhor ferramenta para isso.

4 onças de gotas de chocolate meio amargo

6 cerejas italianas em calda (cerejas Amarena, disponíveis em potes) ou cerejas ao marrasquino misturadas com um pouco de aguardente

2 colheres de sopa de amêndoas picadas

1 litro de sorvete de baunilha

1 litro de sorvete de chocolate

1. Forre uma assadeira pequena de metal com papel manteiga e coloque no congelador. Cubra uma assadeira com papel alumínio.

2. Na metade inferior de um banho-maria ou panela média, leve 2 polegadas de água para ferver. Coloque as gotas de chocolate na metade superior do banho-maria ou em uma tigela que caiba confortavelmente sobre a panela. Deixe o chocolate descansar até ficar macio, cerca de 5 minutos. Mexa até ficar homogêneo. Raspe o chocolate derretido na folha forrada de papel alumínio. Espalhe o chocolate uniformemente e finamente na folha. Leve à geladeira até ficar firme, cerca de 1 hora.

3. Quando o chocolate estiver duro, levante a folha da panela e quebre a folha de chocolate em flocos de 1/2 polegada com uma espátula ou com os dedos. Espalhe os flocos na assadeira.

4. Retire a frigideira fria do congelador. Mergulhe uma colher grande de sorvete no sorvete de baunilha, enchendo-a até a metade. Mergulhe a colher no sorvete de chocolate, enchendo-o completamente. Segurando o sorvete na colher, faça um furo no centro e coloque uma das cerejas e algumas amêndoas. Molde o sorvete sobre o recheio. Coloque a bola de sorvete sobre os flocos de chocolate e role o sorvete rapidamente, pressionando o chocolate contra a superfície. Usando uma espátula de metal

para levantá-lo, transfira o sorvete revestido para a panela fria. Retorne a panela ao congelador.

5. Faça mais 5 trufas de sorvete da mesma maneira. Cubra as trufas e a assadeira com filme plástico antes de devolver a assadeira ao congelador. Congele pelo menos 1 hora ou até 24 horas antes de servir.

Taças de creme de amêndoa

tortoni de biscoito

Rende 8 porções

Quando eu era criança, essa era a sobremesa padrão dos restaurantes italianos, mais ou menos como o tiramisu tem sido nos últimos 15 anos. Embora possa ser antiquado, ainda é delicioso e fácil de fazer.

Para uma sobremesa mais sofisticada, coloque a mistura em copos parfait ou ramequins. As cerejas ao marasquino dão um toque de cor, mas você pode deixá-las de fora se preferir.

2 xícaras de creme de leite frio ou chantilly

1/2 xícara de açúcar de confeiteiro

2 colheres de chá de extrato de baunilha puro

1/2 colher de chá de extrato de amêndoa

2 claras de ovo, em temperatura ambiente

Pitada de sal

8 cerejas ao marasquino, escorridas e picadas (opcional)

2 colheres de sopa de amêndoas torradas finamente picadas

12 a 16 biscoitos amaretti italianos importados, finamente triturados (cerca de 1 xícara de migalhas)

1. Pelo menos 20 minutos antes de bater o creme, coloque uma tigela grande e os batedores da batedeira na geladeira. Forre uma forma de muffin com 8 forminhas de papel plissado ou papel alumínio.

2. Retire a tigela e os batedores da geladeira. Despeje o creme de leite, o açúcar e os extratos na tigela e bata a mistura em velocidade alta até que ela mantenha sua forma uniforme quando os batedores forem levantados, cerca de 4 minutos. Refrigere o chantilly.

3. Em uma tigela grande e limpa com batedores limpos, bata as claras com o sal em velocidade baixa até formar espuma. Aumente gradualmente a velocidade e bata até que as claras tenham picos suaves quando os batedores forem levantados. Usando uma espátula flexível, dobre delicadamente as claras no chantilly.

4. Reserve 2 colheres de sopa de migalhas de amaretti. Misture as migalhas, cerejas e amêndoas restantes na mistura de creme.

Despeje em forminhas de muffin preparadas. Polvilhe com as migalhas de amaretti reservadas.

5. Cubra com papel alumínio e congele pelo menos 4 horas ou até a noite. Retire da geladeira 15 minutos antes de servir.

espuma laranja

Spumone di Arancia

Rende 6 porções

Spumone vem de spuma, que significa "espuma". Tem uma textura mais cremosa do que o sorvete comum porque as gemas são cozidas com a calda de açúcar quente para formar um creme espesso. Embora seja rico em gema de ovo, é leve e arejado pela espuma do ovo e chantilly.

3 laranjas de umbigo

1 xícara de água

3/4 xícara de açúcar

6 gemas grandes

1 xícara de creme de leite frio ou chantilly

1. Rale as raspas das laranjas e esprema o suco. (Deve haver 3 colheres de sopa de raspas e 2/3 xícara de suco.)

2. Em uma panela média, misture a água e o açúcar. Deixe ferver em fogo médio e cozinhe, mexendo ocasionalmente, até que o açúcar se dissolva.

3. Em uma tigela grande resistente ao calor, bata as gemas até misturar. Adicione lentamente o xarope de açúcar quente em uma corrente fina, mexendo sempre. Despeje a mistura na panela e leve ao fogo baixo, mexendo com uma colher de pau, até engrossar levemente e a mistura cobrir levemente a colher.

4. Despeje a mistura através de uma peneira de malha fina em uma tigela. Adicione o suco de laranja e as raspas. Deixe esfriar, cubra e leve à geladeira até esfriar, pelo menos 1 hora. Coloque uma tigela grande e os batedores da batedeira na geladeira.

5. Pouco antes de servir, retire a tigela e os batedores da geladeira. Despeje o creme na tigela e bata o creme em velocidade alta até que mantenha sua forma delicadamente quando os batedores forem levantados, cerca de 4 minutos. Usando uma espátula flexível, dobre delicadamente o creme na mistura de laranja.

6. Congele em um freezer de sorvete de acordo com as instruções do fabricante. Embale em um recipiente, tampe e congele. Sirva em 24 horas.

semifredo de amêndoa

Semifreddo alle Mandorle

Rende 8 porções

Semifreddo significa "meio frio". Essa sobremesa recebeu esse nome porque, mesmo congelada, sua textura permanece suave e cremosa. Ele derrete facilmente, então mantenha tudo bem frio enquanto prepara. molho de chocolate quente é um bom acompanhamento.

3 1/4 xícara de creme de leite frio ou chantilly

1 colher de chá de extrato de baunilha puro

3 1/4 xícara de açúcar

1 1/4 xícara de água

4 ovos grandes, em temperatura ambiente

6 biscoitos amaretti bem triturados

2 colheres de sopa de amêndoas torradas finamente picadas

2 colheres de sopa de amêndoas laminadas

1. Forre uma forma de pão de metal de 9 x 5 x 3 polegadas com filme plástico, deixando uma saliência de 2 polegadas nas extremidades. Resfrie a panela no freezer. Pelo menos 20 minutos antes de bater o creme, coloque uma tigela grande e os batedores da batedeira na geladeira.

2. Quando estiver pronto, retire a tigela e os misturadores da geladeira. Despeje o creme e a baunilha na tigela e bata o creme em velocidade alta até que ele mantenha sua forma quando os batedores forem levantados, cerca de 4 minutos. Devolva a tigela à geladeira.

3. Em uma panela pequena, misture o açúcar e a água. Deixe ferver em fogo médio e cozinhe, mexendo ocasionalmente, até que o açúcar esteja completamente dissolvido, cerca de 2 minutos.

4. Em uma tigela grande, bata os ovos com a batedeira em velocidade média até formar espuma, cerca de 1 minuto. Bata lentamente a calda de açúcar quente nos ovos em uma corrente fina. Continue batendo até a mistura ficar bem leve, fofa e fria ao toque, 8 a 10 minutos.

5. Usando uma espátula flexível, dobre delicadamente o chantilly na mistura de ovos. Dobre delicadamente as migalhas de biscoito e as amêndoas picadas.

6. Despeje a mistura na forma de pão preparada. Cubra bem com filme plástico e congele por 4 horas até a noite.

7. Desembrulhe a panela. Inverta um prato de servir em cima da frigideira. Segurando o prato e a panela juntos, inverta-os. Levante a panela e remova cuidadosamente o filme plástico. Polvilhe com as amêndoas laminadas.

8. Corte em fatias e sirva imediatamente.

Bolo Florentino Frozen Dome

Abobrinha

Rende 8 porções

Inspirada na cúpula do belo Duomo, a catedral no coração de Florença, esta impressionante sobremesa é bastante fácil de fazer, em parte porque usa bolo preparado.

1 (12 onças) bolo de libra

2 colheres de sopa de rum.

2 colheres de licor de laranja

recheado

1 litro de creme de leite ou chantilly

¼ chávena de açúcar de confeiteiro e mais para decorar

1 colher de chá de extrato de baunilha puro

4 onças de chocolate meio amargo, finamente picado

2 colheres de sopa de amêndoas laminadas, torradas e resfriadas

frutas frescas (opcional)

1. Pelo menos 20 minutos antes de bater o creme, coloque uma tigela grande e os batedores da batedeira na geladeira. Forre uma tigela ou panela redonda de 2 litros com filme plástico. Corte o bolo em fatias de no máximo 1/4 de polegada de espessura. Corte cada fatia ao meio na diagonal, formando dois pedaços triangulares, e disponha todos em uma travessa.

2. Em uma tigela pequena, misture o rum e o licor e polvilhe a mistura sobre o bolo. Coloque quantos pedaços de bolo precisar, lado a lado, com a ponta para baixo, na tigela para formar uma camada. Cubra a superfície interna restante da tigela com o bolo restante, cortando pedaços para caber conforme necessário. Preencha as lacunas com pedaços de bolo. Reserve o bolo restante para o topo.

3. Prepare o recheio: Retire a tigela e a batedeira da geladeira. Despeje o creme na tigela. Adicione o açúcar de confeiteiro e a baunilha. Bata em velocidade alta até que o creme mantenha sua forma uniforme quando os batedores forem levantados, cerca de 4 minutos. Dobre delicadamente o chocolate e as amêndoas.

4. Despeje a mistura do creme na forma, tomando cuidado para não atrapalhar o bolo. Disponha as fatias de bolo restantes em uma camada por cima. Cubra firmemente com filme plástico e congele a panela por 4 horas durante a noite.

5. Para servir, retire o filme plástico e inverta um prato de servir em cima da tigela. Segurando o prato e a tigela juntos, inverta-os. Pegue a tigela. Retire o filme plástico e polvilhe com açúcar de confeiteiro. Disponha as bagas à volta do bolo. Corte em pedaços para servir.

Molho de mascarpone com mel

molho de mascarpone

Faz 2 xícaras

Sirva isso em frutas frescas ou embolo de nozes Marsala.

1/2 xícara de mascarpone

3 colheres de mel

1/2 colher de chá de raspas de limão

1 xícara de creme de leite frio, batido

Em uma tigela grande, bata o mascarpone, o mel e as raspas de limão até ficar homogêneo. Adicione o chantilly. Sirva imediatamente.

Molho Fresco

Salsina di Fragole

Rende 1 1/2 xícaras

As framboesas também podem ser preparadas desta forma. Se estiver usando framboesas, coe o molho para remover as sementes.

1 litro de morangos frescos, lavados e descascados

3 colheres de sopa de açúcar ou a gosto

1/4 xícara de suco de laranja fresco

2 colheres de sopa de licor de laranja, cassis ou rum light

> Em um processador de alimentos ou liquidificador, misture todos os ingredientes. Bata até ficar homogêneo. Sirva ou transfira para um recipiente hermético e guarde na geladeira por até 24 horas.

Molho quente de frutas vermelhas

Salsina Calda di Frutti di Bosco

Rende aproximadamente 2 1/2 xícaras

Este molho é excelente para gelados de limão, mascarpone, canela ou "creme" ou bolo simples.

4 xícaras de frutas frescas misturadas, como mirtilos, morangos, framboesas e amoras

1/4 xícara de água

1/4 xícara de açúcar ou mais

1. Lave as bagas e retire a pele ou caules. Corte os morangos ao meio ou em quartos se forem grandes.

2. Em uma panela média, misture as frutas, a água e o açúcar. Leve para ferver em fogo médio. Cozinhe, mexendo ocasionalmente, até que as frutas estejam lisas e os sucos ligeiramente espessos, cerca de 5 minutos. Prove e adicione mais açúcar, se necessário. Retire do fogo e deixe esfriar um pouco. Sirva ou transfira para um recipiente hermético e guarde na geladeira por até 24 horas.

Molho de framboesa o ano todo

molho lampone

Rende aproximadamente 2 xícaras

Mesmo quando as bagas não estão na estação, você ainda pode fazer um delicioso mergulho com sabor fresco. O sabor e a cor da framboesa combinam especialmente bem com sobremesas e bolos com sabor de amêndoa e chocolate. Para uma sobremesa simples, mas bonita, regue este molho e algumas frutas frescas também sobre fatias finas de melão.

O molho também pode ser feito com mirtilos ou morangos congelados ou uma combinação de frutas vermelhas. Se não conseguir encontrar frutas vermelhas na calda, use frutas sem açúcar e adicione açúcar a gosto.

2 (10 onças) pacotes de framboesas congeladas em calda, parcialmente descongeladas

1 colher de chá de amido de milho misturado com 2 colheres de sopa de água

Cerca de 1 colher de chá de suco de limão fresco

1. Passe as bagas por um moedor de alimentos equipado com uma lâmina fina ou bata em um processador de alimentos e passe por uma peneira de malha fina.

2. Leve o purê para ferver em uma panela pequena. Adicione a mistura de amido de milho e cozinhe, mexendo sempre, até engrossar levemente, cerca de 1 minuto. Adicione o suco de limão. Deixe esfriar um pouco. Sirva ou transfira para um recipiente hermético e guarde na geladeira por até 3 dias.

molho de chocolate quente

Molho Calda com Cioccolato

Rende aproximadamente 1 1/2 xícaras

O espresso intensifica o sabor do chocolate desse delicioso molho, mas você pode deixar de fora se preferir. Sirva com sorvete, semifrio ou bolos simples; Acompanha uma grande variedade de sobremesas.

8 onças de chocolate amargo ou meio amargo, picado

1 xícara de creme de leite

> Coloque o chocolate e o creme em banho-maria ou em uma tigela refratária sobre uma panela com água fervente. Deixe repousar até o chocolate amolecer. Mexa até ficar homogêneo. Sirva quente ou transfira para um recipiente hermético e guarde na geladeira por até 3 dias. Reaqueça suavemente.
>
> **Molho Mocha Quente:** Adicione 1 colher de chá de pó de café instantâneo com o chocolate.

língua de gato

saboiardi

faz 4 dúzias

Esses biscoitos leves e crocantes, chamados Savoiardi, receberam o nome da casa real de Savoy que governou a região do Piemonte desde o século 15 e toda a Itália de 1861 até a Segunda Guerra Mundial. São biscoitos de chá perfeitos e ficam ótimos com sorvete ou frutas, mas também podem ser usados em sobremesas compostas como o tiramisu.

A fécula de batata é usada para deixar os biscoitos crocantes e leves. Você pode encontrar amido de batata em muitos supermercados ou pode substituí-lo por amido de milho.

4 ovos grandes, em temperatura ambiente

2/3 xícara de açúcar

2 colheres de chá de extrato de baunilha puro

1 1/2 xícara de farinha de trigo

1 1/4 xícara de fécula de batata

Pitada de sal

1. Pré-aqueça o forno a 400 ° F. Unte e enfarinhe 3 assadeiras grandes.

2. Separe os ovos. Em uma tigela grande, usando uma batedeira em velocidade média, bata as gemas com 1/3 xícara de açúcar e a baunilha até engrossar e amarelo claro, cerca de 7 minutos.

3. Em uma tigela grande e limpa com batedores limpos, bata as claras com uma pitada de sal em velocidade baixa até formar espuma. Aumente a velocidade para alta e adicione gradualmente o restante 1/3 xícara de açúcar. Bata até que as claras tenham picos moles quando os batedores forem levantados, cerca de 5 minutos.

4. Usando uma espátula de borracha, dobre cerca de 1/3 das claras nas gemas para afiná-las. Incorpore aos poucos as claras restantes.

5. Coloque a farinha e o amido em uma peneira pequena e fina. Sacuda a peneira sobre os ovos e misture delicadamente, mas com cuidado, os ingredientes secos.

6. Coloque a massa em um saco de confeitar grande com uma ponta de 1/2 polegada ou um saco plástico resistente com um

canto cortado. (Não encha o saco mais do que a metade.) Coloque a massa nas assadeiras, formando toras de 3 × 1 polegada com cerca de 1 polegada de distância.

7. Tenha vários racks de resfriamento de arame prontos. Asse os biscoitos por 10 a 12 minutos, ou até dourar e ficar firme quando tocado levemente no centro.

8. Transfira as assadeiras para as grades de resfriamento. Esfrie os biscoitos por 2 minutos nas assadeiras e, em seguida, transfira para as gradinhas para esfriar completamente. Armazene em um recipiente hermético em temperatura ambiente por até 2 semanas.

biscoitos de sêmola

canestrelli

faz 36

Canistrelli significa "pequenos cestos". Crocantes e amanteigados, esses biscoitos da Ligúria são feitos com sêmola, o que lhes confere uma cor cremosa e uma textura levemente arenosa.

A sêmola é ouro pálido, trigo duro duro que foi moído para ter uma textura semelhante à areia. A sêmola pode ser fina ou grossa. A sêmola fina é frequentemente rotulada como farinha de sêmola ou farinha de macarrão. É frequentemente usado para fazer pão, especialmente na Sicília, e certos tipos de massas e nhoques, comonhoque de sêmola romana. Grits podem ser comprados em muitos supermercados, lojas de produtos naturais e mercados étnicos ou emfontes de pedidos por correio.

12/3 xícaras de farinha de trigo

1 1/2 xícara de sêmola fina

1 1/2 colher de chá de sal

1 xícara (2 palitos) de manteiga sem sal, em temperatura ambiente

1/2 xícara de açúcar de confeiteiro

1 ovo grande

1. Em uma tigela grande, peneire a farinha, a sêmola e o sal.

2. Em uma tigela grande com uma batedeira, bata a manteiga em velocidade média até ficar leve e fofa, cerca de 2 minutos. Adicione o açúcar e bata até ficar bem misturado, cerca de mais 1 minuto. Bata o ovo até misturar.

3. Adicione os ingredientes secos e mexa em velocidade baixa até incorporar. (Não misture demais.) Junte a massa em uma bola e embrulhe em filme plástico. Leve à geladeira por 1 hora até a noite.

4. Pré-aqueça o forno a 350 ° F. Unte 2 assadeiras grandes.

5. Em uma superfície levemente enfarinhada, usando um rolo, abra a massa em um círculo de 9 polegadas com cerca de 1/4 de polegada de espessura. Usando um cortador de biscoitos ou biscoitos, corte a massa em círculos de 2 polegadas. Coloque em assadeiras preparadas com cerca de 1 polegada de distância.

6. Tenha 2 racks de resfriamento de arame prontos. Asse por 13 minutos ou até que os biscoitos estejam levemente dourados nas bordas.

7. Transfira as assadeiras para as grades de resfriamento. Deixe os biscoitos esfriarem por 5 minutos nas assadeiras e, em seguida, transfira para as gradinhas para esfriar completamente. Armazene em um recipiente hermético por até 2 semanas.

Anéis Vin Santo

Ciambelline al Vin Santo

faz cerca de 4 dúzias

Vin Santo é um vinho seco de sobremesa da Toscana. Geralmente é servido como acompanhamento para mergulhar os biscoitos, mas aqui é o principal ingrediente aromatizante dos biscoitos em forma de anel. São feitos com azeite e não levam ovos nem manteiga. O vin santo dá aos biscoitos um sabor sutil de vinho, enquanto a textura é macia e quebradiça. A receita me foi passada pela cozinheira da vinícola Selvapiana, na Toscana.

2 1/2 xícaras de farinha de trigo

1 1/2 xícara de açúcar

1 1/2 xícara de azeite extra virgem

1 1/2 xícara de vin santo

1. Pré-aqueça o forno a 350 °F. Prepare 2 assadeiras grandes sem untar.

2. Em uma tigela grande, usando uma colher de pau, misture a farinha e o açúcar. Adicione o azeite e o vinho e mexa até ficar homogêneo e bem misturado. Modele a massa em uma bola.

3. Divida a massa em 6 seções. Corte uma seção em 8 pedaços. Enrole cada pedaço entre as palmas das mãos em um tronco de 4 × 1/2 polegadas. Modele o tronco em um anel, apertando as bordas para selar. Repita com a massa restante, colocando os anéis 1 polegada de distância nas assadeiras.

4. Tenha 2 racks de resfriamento de arame prontos. Asse os anéis por 20 minutos ou até dourar.

5. Transfira as assadeiras para as prateleiras. Deixe os biscoitos esfriarem por 5 minutos nas assadeiras e, em seguida, transfira para as gradinhas para esfriar completamente. Armazene em um recipiente hermético por até 2 semanas.

Biscoitos Marsala

Biscoitos al Marsala

faz 4 dúzias

O sabor quente e ensolarado de Marsala realça esses biscoitos sicilianos. Você pode usar Marsala seco ou doce. Certifique-se de servi-los com um copo do mesmo vinho. São semelhantes aos Vin Santo Rings da esquerda, embora a textura seja mais clara e estaladiça devido aos ovos e ao fermento, e são glaceados com açúcar.

2 1/2 xícaras de farinha de trigo

2 colheres de chá de fermento em pó

1 colher de chá de sal

1 xícara de açúcar

1 1/2 xícara de Marsala seco ou doce

2 ovos grandes

1 1/4 xícara de azeite extra virgem

1 colher de chá de extrato de baunilha puro

1. Pré-aqueça o forno a 375 ° F. Unte 2 assadeiras grandes.

2. Em uma tigela grande, peneire a farinha, o fermento e o sal. Despeje 1/2 xícara de açúcar em uma tigela pequena e 1/4 xícara de Marsala em outra.

3. Em uma tigela grande, bata os ovos e o restante 1/2 xícara de açúcar até ficar bem misturado. Misture o restante de 1/4 xícara de Marsala, óleo e extrato de baunilha. Com uma colher de pau, adicione os ingredientes secos. Sove rapidamente até ficar bem misturado e forme uma bola com a massa.

4. Divida a massa em 6 seções. Corte uma seção em 8 pedaços. Enrole cada pedaço entre as palmas das mãos em um tronco de 4 × 1/2 polegadas. Modele o tronco em um anel, apertando as bordas para selar. Repita com a massa restante.

5. Mergulhe a parte superior ou inferior de cada anel primeiro no vinho e depois no açúcar. Coloque os anéis com o lado do açúcar para cima e 1 polegada de distância nas assadeiras preparadas. Asse por 18 a 20 minutos, ou até dourar. Tenha 2 racks de resfriamento de arame prontos.

6. Transfira as assadeiras para as prateleiras. Deixe os biscoitos esfriarem por 5 minutos nas assadeiras e, em seguida, transfira

para as gradinhas para esfriar completamente. Armazene em um recipiente hermético por até 2 semanas.

biscoitos de vinho de gergelim

biscoitos de vinho

faz 2 dúzias

Apenas levemente doces, com um toque picante de pimenta preta, esses biscoitos napolitanos são bons para beliscar com um copo de vinho e um pouco de queijo.

2 1/2 xícaras de farinha de trigo

1/2 xícara de açúcar

1 1/2 colheres de chá de fermento em pó

1 colher de chá de sal

1 colher de chá de pimenta preta moída na hora

1/2 xícara de vinho tinto seco

1/2 xícara de azeite

1 clara de ovo, batida até espumar

2 colheres de sopa de sementes de gergelim

1. Pré-aqueça o forno a 350 ° F. Prepare 2 assadeiras grandes sem untar.

2. Em uma tigela grande, misture a farinha, o açúcar, o fermento, o sal e a pimenta. Adicione o vinho e o azeite e mexa até misturar bem.

3. Modele a massa em uma bola. Divida a massa em 4 pedaços. Modele cada peça em um tronco de 10 polegadas. Achate ligeiramente as toras. Pincele com a clara de ovo e polvilhe com as sementes de sésamo.

4. Corte as toras em pedaços de 3/4 de polegada. Coloque as peças a uma polegada de distância nas assadeiras. Asse por 25 minutos ou até dourar levemente.

5. Tenha 2 grandes racks de resfriamento prontos. Transfira as assadeiras para as prateleiras. Deixe os biscoitos esfriarem por 5 minutos nas assadeiras e, em seguida, transfira para as gradinhas para esfriar completamente. Armazene em um recipiente hermético por até 2 semanas.

biscoitos de gergelim

Biscoito Regina

48 atrás

Os sicilianos chamam esses biscoitos de regina, ou "rainha", porque são muito apreciados. Embora pareçam bastante simples, seu sabor de gergelim torrado é viciante. Um invariavelmente leva ao outro.

Procure sementes de gergelim frescas e sem casca em mercados étnicos e lojas de produtos naturais. Esses biscoitos foram originalmente feitos com banha. Os cozinheiros sicilianos de hoje costumam usar margarina, mas prefiro uma combinação de manteiga para dar sabor e gordura vegetal para amaciar.

4 xícaras de farinha de trigo

1 xícara de açúcar

1 colher de fermento em pó

1 colher de chá de sal

1/2 xícara (1 tablete) de manteiga sem sal, em temperatura ambiente

1/2 xícara de gordura vegetal sólida

2 ovos grandes, em temperatura ambiente

1 colher de chá de extrato de baunilha puro

1 colher de chá de raspas de limão

2 xícaras de sementes de gergelim sem casca

1 1/2 xícara de leite

1. Pré-aqueça o forno a 375 ° F. Unte e enfarinhe duas assadeiras grandes ou forre-as com pergaminho.

2. Em uma tigela grande da batedeira, misture a farinha, o açúcar, o fermento e o sal. Em velocidade baixa, adicione a manteiga e encurtando um pouco de cada vez até que a mistura se assemelhe a migalhas grossas.

3. Em uma tigela média, bata os ovos, a baunilha e as raspas de limão. Mexa a mistura de ovos nos ingredientes secos até ficar homogêneo e bem misturado, cerca de 2 minutos. Cubra a massa com filme plástico e leve à geladeira por 1 hora.

4. Espalhe as sementes de gergelim em um pedaço de papel manteiga. Coloque o leite em uma tigela pequena ao lado das sementes de gergelim.

5. Tire a massa da geladeira. Retire uma porção da massa do tamanho de uma bola de golfe e modele-a em um tronco de 2 1/2 polegadas de comprimento e 3/4 polegadas de largura. Mergulhe o tronco no leite e depois enrole com as sementes de gergelim. Coloque o tronco na assadeira e alise-o levemente com os dedos. Continue com a massa restante, colocando as toras a uma polegada de distância.

6. Asse por 25 a 30 minutos ou até dourar bem. Tenha 2 grandes racks de resfriamento prontos.

7. Transfira as assadeiras para as prateleiras. Deixe os biscoitos esfriarem por 5 minutos nas assadeiras e, em seguida, transfira para as gradinhas para esfriar completamente. Armazene em um recipiente hermético por até 2 semanas.

bolos de anis

Biscoitos de Anice

Cerca de 3 dezenas atrás

O anis, um membro da mesma família de plantas do funcho, alcaravia e endro, é considerado um auxiliar digestivo. No sul da Itália, as sementes de anis são usadas para aromatizar licores após o jantar, como Sambuca e anis, dando a esses biscoitos seu sabor característico de alcaçuz. Para um sabor mais pronunciado, adicione uma colher de chá de erva-doce à massa antes de assar.

2 ovos grandes, em temperatura ambiente

1 colher de sopa de licor de anis ou extrato de anis

1 1/2 xícara de açúcar

1 xícara de farinha de trigo

2 colheres de amido de milho

1 colher de chá de fermento em pó

1. Coloque uma grade no centro do forno. Pré-aqueça o forno a 350 ° F. Unte uma assadeira quadrada de 9 polegadas. Forre o fundo

da frigideira com papel manteiga. Unte e enfarinhe o papel. Retire o excesso de farinha.

2. Em uma tigela grande da batedeira, misture os ovos, o licor e o açúcar. Comece a bater os ovos em velocidade baixa, aumentando gradualmente a velocidade para alta. Continue batendo os ovos até que fiquem bem claros e espumosos e tripliquem de volume, cerca de 5 minutos.

3. Coloque a farinha, o amido de milho e o fermento em uma peneira de malha fina. Agite a peneira sobre a mistura de ovos, incorporando gradualmente os ingredientes secos com uma espátula de borracha. Tenha cuidado para não esvaziar os ovos.

4. Raspe a massa na forma preparada e alise o topo. Asse por 20 a 25 minutos ou até que esteja firme quando tocado levemente no centro e dourado. Prepare uma assadeira grande e uma grade de resfriamento grande.

5. Retire a assadeira do forno, mas deixe o forno ligado. Passe uma faca pequena nas bordas da assadeira. Inverta o bolo em uma tábua de corte.

6. Aumente a temperatura do forno para 375 ° F. Usando uma faca serrilhada longa, corte a torta em tiras de 3 polegadas. Corte cada tira transversalmente em fatias de 3/4 de polegada de

espessura. Disponha as fatias em uma única camada em uma assadeira grande. Asse as fatias por 7 minutos ou até tostar e dourar.

7. Retire os biscoitos do forno e transfira para uma gradinha para esfriar. Armazene em um recipiente bem fechado por até 2 semanas.

cebola assada

Cidade do Forno

Rende de 4 a 8 porções

Essas cebolas ficam macias e doces quando cozidas; experimente-os com rosbife.

4 cebolas brancas ou roxas médias, descascadas

½ xícara de farinha de rosca seca

¼ xícara de Parmigiano-Reggiano ou Pecorino Romano ralado na hora

2 colheres de sopa de azeite

Sal e pimenta-do-reino moída na hora

1. Leve uma panela média com água para ferver. Adicione as cebolas e reduza o fogo para trazer a água para ferver. Cozinhe 5 minutos. Deixe as cebolas esfriarem na água da panela. Escorra as cebolas e corte-as ao meio transversalmente.

2. Coloque uma grade no centro do forno. Pré-aqueça o forno a 350 ° F. Unte uma assadeira grande o suficiente para manter as cebolas em uma única camada. Coloque as cebolas na panela

com o lado cortado para cima. Em uma tigela pequena, misture a farinha de rosca, queijo, azeite e sal e pimenta a gosto. Coloque a farinha de rosca sobre as cebolas.

3.Asse por 1 hora ou até que as cebolas estejam douradas e macias quando perfuradas com uma faca. Sirva quente ou em temperatura ambiente.

Cebola com Vinagre Balsâmico

Cipolle al Balsamico

Rende 6 porções

O vinagre balsâmico complementa o sabor doce e a cor das cebolas roxas. Acompanham bem carne de porco assada ou costeletas de porco.

6 cebolas roxas médias

6 colheres de sopa de azeite extra virgem

3 colheres de vinagre balsâmico

Sal e pimenta-do-reino moída na hora

1. Coloque uma grade no centro do forno. Pré-aqueça o forno a 375 ° F. Forre uma assadeira com papel alumínio.

2. Lave as cebolas, mas não as descasque. Coloque as cebolas na frigideira preparada. Asse as cebolas por 1 a 1 hora e meia, até ficarem macias quando perfuradas com uma faca.

3. Corte as pontas das raízes das cebolas e retire a pele. Corte as cebolas em quatro e coloque-as em uma tigela. Adicione o azeite,

vinagre, sal e pimenta a gosto e mexa para combinar. Sirva quente ou em temperatura ambiente.

Cebola Roxa Confitada

Confettura di Cipolle Rosse

Rende aproximadamente 1 litro

Tropea, na costa da Calábria, é conhecida por suas doces cebolas vermelhas. Embora as cebolas roxas nos Estados Unidos sejam mais picantes, você ainda pode fazer esta deliciosa geléia que comemos no Locanda di Alia em Castrovillari. A compota foi servida com sardinhas douradas fritas, mas também fica bem com frango grelhado ou costeletas de porco. Também gosto como tempero com um queijo picante, como pecorino envelhecido.

Uma variação da geléia inclui um pouco de hortelã fresca picada. Certifique-se de usar uma panela de fundo grosso e mantenha o fogo bem baixo para evitar que as cebolas grudem. Adicione um pouco de água se secarem muito rápido.

1 1/4 libras de cebola roxa, finamente picada

1 cálice de vinho tinto seco

1 colher de chá de sal

2 colheres de sopa de manteiga sem sal

1 colher de vinagre balsâmico

1 ou 2 colheres de sopa de mel

Cerca de 1 colher de sopa de açúcar

1. Em uma panela média, misture as cebolas, o vinho tinto e o sal em fogo médio. Deixe ferver e abaixe o fogo. Tampe e cozinhe, mexendo sempre, por 1 hora e 15 minutos ou até as cebolas ficarem bem macias. As cebolas ficarão ligeiramente translúcidas.

2. Adicione a manteiga, o vinagre balsâmico e 1 colher de sopa de mel e açúcar. Cozinhe descoberto, mexendo sempre, até que todo o líquido tenha evaporado e a mistura fique bem espessa.

3. Deixe esfriar um pouco. Sirva em temperatura ambiente ou levemente morno. Isso dura na geladeira por até um mês. Para reaquecer, coloque o confit em uma tigela pequena sobre uma panela com água fervente ou aqueça no micro-ondas.

Salada de Beterraba Assada e Cebola

Salata di Cipolla e Barbabietola

Rende 6 porções

Se você nunca comeu beterraba fresca da estação, experimente. Quando jovens e macios, são notavelmente doces e saborosos. Compre-os no verão e no outono, quando estão no auge. À medida que envelhecem, tornam-se amadeirados e sem sabor.

6 beterrabas, aparadas e esfregadas

2 cebolas grandes, descascadas

6 colheres de sopa de azeite

2 colheres de sopa de vinagre de vinho tinto

Sal e pimenta-do-reino moída na hora

6 folhas frescas de manjericão

1. Coloque uma grade no centro do forno. Pré-aqueça o forno a 400° F. Esfregue as beterrabas e embrulhe em uma folha grande de papel alumínio, fechando bem. Coloque o pacote em uma assadeira.

2. Corte as cebolas em pedaços pequenos. Coloque-os em uma assadeira e misture com 2 colheres de sopa de azeite.

3. Coloque o molho de beterraba e a panela de cebola lado a lado no forno. Asse por 1 hora ou até que as beterrabas estejam macias quando perfuradas com uma faca e as cebolas douradas.

4. Deixe a beterraba esfriar. Descasque a pele e corte a beterraba em rodelas.

5. Em uma tigela grande, misture as beterrabas e as cebolas com 1/4 de xícara de azeite, vinagre, sal e pimenta a gosto. Polvilhe com manjericão e sirva imediatamente.

Cebola Pérola com Mel e Laranja

Cipolline Perfumate all'Arancia

Rende 8 porções

Cebolas peroladas agridoces aromatizadas com mel, laranja e vinagre ficam bem com um peru festivo ou capão, porco assado ou como aperitivo com salumi fatiado. Você pode prepará-los com antecedência, mas eles precisam ser reaquecidos suavemente antes de servir.

2 libras de cebola pérola

1 laranja de umbigo

2 colheres de sopa de manteiga sem sal

1/4 xícara de mel

1/4 xícara de vinagre de vinho branco

Sal e pimenta-do-reino moída na hora

1. Leve uma panela grande de água para ferver. Adicione as cebolas e cozinhe por 3 minutos. Escorra e esfrie em água corrente. Usando uma faca afiada, raspe a ponta das pontas da raiz. Não

corte as pontas muito profundamente ou as cebolas vão se desmanchar durante o cozimento. Tire as peles.

2. Usando um descascador de legumes com lâmina rotativa, retire as raspas de laranja. Empilhe as tiras de raspas e corte em palitos finos. Esprema o suco da laranja. Deixou de lado.

3. Em uma frigideira grande, derreta a manteiga em fogo médio. Adicione as cebolas e cozinhe por 30 minutos ou até dourar levemente, sacudindo a panela de vez em quando para não grudar.

4. Adicione suco de laranja, raspas, mel, vinagre e sal e pimenta a gosto. Reduza o fogo para baixo e cozinhe por 10 minutos, virando as cebolas com frequência, até ficarem macias quando perfuradas com uma faca e pinceladas com o molho. Deixe esfriar um pouco. Servir quente.

ervilhas com cebola

Piselli com Cipolle

Rende 4 porções

Um pouco de água adicionada à panela ajuda a cebola a amolecer e amolecer sem dourar. A doçura da cebola realça o sabor das ervilhas.

2 colheres de sopa de azeite

1 cebola média, finamente picada

4 colheres de sopa de água

2 xícaras de ervilhas frescas sem casca ou 1 pacote de ervilhas congeladas (10 onças)

pitada de orégano seco

Sal

1. Despeje o óleo em uma panela média. Adicione a cebola e 2 colheres de sopa de água. Cozinhe, mexendo sempre, até a cebola ficar bem macia, cerca de 15 minutos.

2. Adicione as ervilhas, as 2 colheres de sopa restantes de água, orégano e sal. Cubra e cozinhe até que as ervilhas estejam macias, 5 a 10 minutos.

Ervilhas com presunto e cebola verde

Piselli al Prosciutto

Rende 4 porções

Estas ervilhas são boas com costeletas de cordeiro ou cordeiro assado.

3 colheres de sopa de manteiga sem sal

4 cebolas verdes, aparadas e cortadas em fatias finas

2 xícaras de ervilhas frescas sem casca ou 1 pacote de ervilhas congeladas (10 onças)

1 colher de chá de açúcar

Sal

4 fatias finas de presunto italiano importado, cortadas transversalmente em tiras finas

1. Derreta 2 colheres de sopa de manteiga em uma frigideira média. Adicione as cebolas verdes e cozinhe por 1 minuto.

2. Adicione as ervilhas, o açúcar e o sal a gosto. Adicione 2 colheres de sopa de água e tampe a panela. Cozinhe até que as ervilhas estejam macias, 5 a 10 minutos.

3. Adicione o presunto e a colher de sopa restante de manteiga. Cozinhe por mais 1 minuto e sirva quente.

Ervilhas doces com alface e hortelã

Piselli alla Menta

Rende 4 porções

Mesmo as ervilhas congeladas têm sabor fresco quando preparadas dessa maneira. A alface adiciona um leve crocante e a menta um sabor fresco e brilhante.

2 colheres de sopa de manteiga sem sal

¼ chávena de cebola, picada muito finamente

2 xícaras de ervilhas frescas sem casca ou 1 pacote de ervilhas congeladas (10 onças)

1 xícara de folhas de alface picadas

12 folhas de hortelã cortadas em pedaços

Sal e pimenta-do-reino moída na hora

1. Em uma panela média, derreta a manteiga em fogo médio. Adicione a cebola e cozinhe até ficar macia e dourada, cerca de 10 minutos.

2. Adicione as ervilhas, alface, folhas de hortelã e sal e pimenta a gosto. Adicione 2 colheres de sopa de água e tampe a panela. Cozinhe por 5 a 10 minutos ou até que as ervilhas estejam macias. Servir quente.

salada de ervilha

salada de pascoa

Rende 4 porções

Na década de 1950, Romeo Salta era considerado um dos melhores restaurantes italianos da cidade de Nova York. Destacou-se porque era muito elegante e servia comida do norte da Itália em uma época em que a maioria das pessoas só conhecia os restaurantes de estilo familiar que serviam os pratos do sul com molho vermelho. O proprietário, Romeo Salta, havia aprendido o negócio de restaurantes trabalhando em navios de cruzeiro de luxo, na época, o melhor campo de treinamento para funcionários de restaurantes. Essa salada aparecia no cardápio por volta da Páscoa, quando as ervilhas frescas se tornavam abundantes. A receita original também continha anchovas, embora eu prefira a salada sem elas. Às vezes, adiciono queijo suíço picado ou similar junto com o presunto.

2½ xícaras de ervilhas frescas sem casca ou 1 (10 onças) de pacote de ervilhas congeladas

Sal

1 gema de ovo cozida

1/4 xícara de azeite

1/4 xícara de suco de limão

pimenta preta moída na hora

2 onças de presunto italiano importado fatiado, cortado transversalmente em tiras estreitas

1. Para ervilhas frescas ou congeladas, leve uma panela média de água para ferver. Adicione as ervilhas e sal a gosto. Cozinhe até que as ervilhas estejam macias, cerca de 3 minutos. Escorra as ervilhas. Deixe-os esfriar sob água corrente fria. Seque as ervilhas.

2. Em uma tigela, amasse a gema com um garfo. Misture o azeite, o suco de limão e sal e pimenta a gosto. Adicione as ervilhas e mexa delicadamente. Adicione as tiras de presunto e sirva imediatamente.

pimentão assado

Peperoni Arrostiti

Rende 8 porções

Pimentos assados são bons em saladas, omeletes e sanduíches. Eles também congelam bem, então você pode fazer um lote no verão, quando as pimentas são abundantes, e guardá-las para as refeições de inverno.

8 pimentões vermelhos, amarelos ou verdes grandes

1. Cubra a assadeira com papel alumínio. Coloque a assadeira a cerca de 3 polegadas de distância da fonte de calor. Coloque os pimentões inteiros na panela. Ligue a grelha em fogo alto. Grelhe os pimentões, virando frequentemente com uma pinça, por cerca de 15 minutos ou até que a pele fique com bolhas e totalmente carbonizada. Coloque os pimentões em uma tigela. Cubra com papel alumínio e deixe esfriar.

2. Corte os pimentões ao meio, escorrendo o suco para uma tigela. Descasque a pele e descarte as sementes e caules.

3. Corte os pimentões longitudinalmente em tiras de 1 polegada e coloque em uma tigela. Coe os sucos sobre os pimentões.

4. Sirva em temperatura ambiente ou guarde na geladeira e sirva frio. As pimentas duram 3 dias na geladeira ou 3 meses no freezer.

Salada de pimenta assada

Insalata di Peperoni Arrostiti

Rende 8 porções

Sirva esses pimentões como parte de um sortido de antepasto, como acompanhamento de atum ou carne de porco grelhada, ou como antepasto com mussarela fresca fatiada.

1 receita (8 pimentas) pimentão assado

⅓ xícara de azeite extra virgem

4 folhas de manjericão, cortadas em pedaços

2 dentes de alho, em fatias finas

Sal e pimenta-do-reino moída na hora

Prepare os pimentões, se necessário. Misture os pimentões com azeite, manjericão, alho e sal e pimenta a gosto. Deixe repousar 1 hora antes de servir.

Pimentos assados com cebola e ervas

Peperoni Arrostiti com Cipolle

Rende 4 porções

Sirva essas pimentas quentes ou em temperatura ambiente. Eles também são uma boa cobertura para crostini.

½ receitapimentão assado; use pimentão vermelho ou amarelo

1 cebola média, cortada ao meio e em fatias finas

Pitada de pimenta vermelha moída

2 colheres de sopa de azeite

Sal

1 1/2 colher de chá de orégano seco, esfarelado

2 colheres de sopa de salsa fresca picada

1. Prepare os pimentões através do passo 3, se necessário. Em seguida, escorra os pimentões e corte-os longitudinalmente em tiras de 1/2 polegada.

2. Em uma frigideira média, refogue a cebola com o pimentão vermelho amassado no azeite em fogo médio até a cebola ficar macia e dourada, cerca de 10 minutos. Adicione o pimentão, orégano e sal a gosto. Cozinhe, mexendo ocasionalmente, até aquecer, cerca de 5 minutos. Adicione a salsa e cozinhe mais 1 minuto. Sirva quente ou em temperatura ambiente.

Pimentão Assado com Tomate

Calabresa no forno

Rende 4 porções

Nesta receita de Abruzzo, uma pimenta fresca e não muito picante dá sabor aos pimentões. Pimentão vermelho esmagado ou um pequeno pimentão seco podem ser substituídos. Estas pimentas são boas em um sanduíche.

2 pimentões vermelhos grandes

2 pimentões amarelos grandes

1 pimenta, como jalapeno, sem sementes e picada

3 colheres de sopa de azeite

Sal

2 dentes de alho picados

2 tomates médios, sem pele, sem sementes e picados

1. Coloque uma grade no centro do forno. Pré-aqueça o forno a 400 ° F. Unte uma assadeira grande. Coloque os pimentões em uma tábua de corte. Segurando a haste com uma das mãos, coloque a

ponta de uma faca de chef grande e pesada um pouco além da borda da tampa. Rasgar. Gire a pimenta 90° e corte-a novamente. Repita, virando e cortando os dois lados restantes. Descarte o coração, as sementes e o caule, que ficarão inteiros. Corte as membranas e raspe as sementes.

2.Corte os pimentões longitudinalmente em tiras de 1 polegada. Adicione o pimentão à panela. Adicione o azeite e o sal a gosto e misture bem. Espalhe as pimentas na panela.

3.Asse os pimentões por 25 minutos. Adicione o alho e os tomates e mexa bem. Asse por mais 20 minutos ou até que os pimentões estejam macios quando perfurados com uma faca. Servir quente.

Pimentas com Vinagre Balsâmico

Calabresa Balsâmica

Rende 6 porções

A doçura do vinagre balsâmico complementa a doçura das pimentas. Sirva quente com costeletas de porco ou cordeiro ou em temperatura ambiente com frango frio ou porco assado.

6 pimentões vermelhos grandes

1/4 xícara de azeite

Sal e pimenta-do-reino moída na hora

2 colheres de vinagre balsâmico

1. Coloque uma grade no centro do forno. Pré-aqueça o forno a 400 °F. Coloque os pimentões em uma tábua. Segurando a haste com uma das mãos, coloque a ponta de uma faca de chef grande e pesada um pouco além da borda da tampa. Rasgar. Gire a pimenta 90° e corte-a novamente. Repita, virando e cortando os dois lados restantes. Descarte o coração, as sementes e o caule, que ficarão inteiros. Corte as membranas e raspe as sementes.

2. Corte os pimentões em tiras de 1 polegada. Coloque-os em uma assadeira grande e rasa com azeite, sal e pimenta. Misture bem. Asse os pimentões por 30 minutos.

3. Adicione o vinagre. Asse os pimentões por mais 20 minutos ou até ficarem macios. Sirva quente ou em temperatura ambiente.

Pimenta em conserva

Pepperoni Sott'Aceto

Faz 2 pintas

Pimentas em conserva coloridas são deliciosas em sanduíches ou com frios. Estes podem ser usados para fazerMolho de Pimenta Estilo Molise.

2 pimentões vermelhos grandes

2 pimentões amarelos grandes

Sal

2 xícaras de vinagre de vinho branco

2 xícaras de água

Pitada de pimenta vermelha moída

1.Coloque os pimentões em uma tábua de corte. Segurando a haste com uma das mãos, coloque a ponta de uma faca de chef grande e pesada um pouco além da borda da tampa. Rasgar. Gire a pimenta 90° e corte-a novamente. Repita, virando e cortando os dois lados restantes. Descarte o coração, as sementes e o caule, que ficarão inteiros. Corte as membranas e raspe as sementes.

Corte os pimentões longitudinalmente em tiras de 1 polegada. Coloque os pimentões em uma peneira em um prato e polvilhe com sal. Deixe repousar 1 hora para escorrer.

2. Em uma panela não reativa, misture o vinagre, a água e a pimenta vermelha esmagada. Leve ao fogo brando. Retire do fogo e deixe esfriar um pouco.

3. Lave os pimentões em água fria e seque. Embale as pimentas em 2 potes de cerveja esterilizados. Despeje a mistura de vinagre resfriada e feche. Deixe repousar em local fresco e escuro por 1 semana antes de usar.

Pimentas com Amêndoas

Pepperoni tudo Mandorle

Rende 4 porções

Uma velha amiga de minha mãe, cuja família veio de Ischia, uma pequena ilha na baía de Nápoles, deu a ela esta receita. Ela gostava de servir no almoço sobre fatias de pão italiano fritas em azeite até dourar.

2 pimentões vermelhos e 2 amarelos

1 dente de alho, levemente amassado

3 colheres de sopa de azeite

2 tomates médios, sem pele, sem sementes e picados

1/4 xícara de água

2 colheres de alcaparras

4 filés de anchova picados

4 onças de amêndoas torradas, picadas grosseiramente

1. Coloque os pimentões em uma tábua de corte. Segurando a haste com uma das mãos, coloque a ponta de uma faca de chef grande e pesada um pouco além da borda da tampa. Rasgar. Gire a pimenta 90° e corte-a novamente. Repita, virando e cortando os dois lados restantes. Descarte o coração, as sementes e o caule, que ficarão inteiros. Corte as membranas e raspe as sementes.

2. Em uma frigideira grande, refogue o alho com o azeite em fogo médio, pressionando o alho uma ou duas vezes com as costas de uma colher. Assim que estiver levemente dourado, cerca de 4 minutos, descarte o alho.

3. Adicione os pimentões à panela. Cozinhe, mexendo sempre, até ficar macio, cerca de 15 minutos.

4. Adicione os tomates e a água. Cozinhe até o molho engrossar, cerca de mais 15 minutos.

5. Adicione as alcaparras, anchovas e amêndoas. Experimente o sal. Cozinhe mais 2 minutos. Deixe esfriar um pouco antes de servir.

Pimentão com Tomate e Cebola

Peperonata

Rende 4 porções

Cada região parece ter sua versão de peperonata. Alguns adicionam alcaparras, azeitonas, ervas ou anchovas. Sirva como acompanhamento ou como molho para carne de porco assada ou peixe grelhado.

4 pimentões vermelhos ou amarelos (ou uma mistura)

2 cebolas médias, em fatias finas

3 colheres de sopa de azeite

3 tomates grandes, sem pele, sem sementes e picados grosseiramente

1 dente de alho bem picado

Sal

1. Coloque os pimentões em uma tábua de corte. Segurando a haste com uma das mãos, coloque a ponta de uma faca de chef grande e pesada um pouco além da borda da tampa. Rasgar. Gire a pimenta 90° e corte-a novamente. Repita, virando e cortando os dois lados restantes. Descarte o coração, as sementes e o caule, que ficarão inteiros. Corte as membranas e raspe as sementes. Corte os pimentões em tiras de 1/4 de polegada.

2. Em uma frigideira grande em fogo médio, cozinhe as cebolas no azeite até ficarem macias e douradas, cerca de 10 minutos. Adicione as tiras de pimenta e cozinhe mais 10 minutos.

3. Acrescente o tomate, o alho e sal a gosto. Cubra e cozinhe por 20 minutos ou até que os pimentões estejam macios quando perfurados com uma faca. Se sobrar muito líquido, destampe e cozinhe até o molho engrossar e reduzir. Sirva quente ou em temperatura ambiente.

Pimentos recheados

Calabresa Ripieni

Rende de 4 a 8 porções

Minha avó sempre fazia essas pimentas no verão. Eu os cozinhei em uma grande frigideira preta pela manhã e na hora do almoço eles estavam na temperatura certa para servir com pão fatiado.

1 1/4 xícaras de farinha de rosca natural seca feita de pão italiano ou francês

1/3 xícara de Pecorino Romano ou Parmigiano-Reggiano ralado na hora

1 1/4 xícara de salsa fresca picada

1 dente de alho bem picado

Sal e pimenta-do-reino moída na hora

Cerca de 1/2 xícara de azeite

8 pimentões italianos verdes claros longos para fritar

3 xícaras de tomates frescos descascados, sem sementes e picados ou 1 (28 onças) de tomates esmagados

6 folhas de manjericão fresco cortadas em pedaços

1. Em uma tigela, misture a farinha de rosca, queijo, salsa, alho e sal e pimenta a gosto. Adicione 3 colheres de sopa de óleo ou o suficiente para umedecer as migalhas uniformemente.

2. Corte a tampa dos pimentões e retire as sementes. Despeje a mistura de farinha de rosca sobre os pimentões, deixando cerca de 2,5 cm de espaço livre no topo. Não encha demais os pimentões, ou o recheio irá derramar enquanto eles cozinham.

3. Em uma frigideira grande, aqueça 1/4 de xícara de óleo em fogo médio até que um pedaço de pimenta chie na panela. Usando pinças, adicione cuidadosamente os pimentões. Cozinhe, virando ocasionalmente com pinças, até dourar por todos os lados, cerca de 20 minutos.

4. Coloque os tomates, manjericão e sal e pimenta a gosto ao redor dos pimentões. Leve ao fogo brando. Cubra e cozinhe, virando os pimentões uma ou duas vezes, até ficarem bem macios, cerca de 15 minutos. Se o molho estiver muito seco, adicione um pouco de água. Descubra e cozinhe até o molho ficar espesso, cerca de mais 5 minutos. Sirva morno ou em temperatura ambiente.

Pimentos recheados à moda napolitana

Pepperoni Alla Nonna

Rende 6 porções

Se os sicilianos têm inúmeras maneiras de cozinhar berinjelas, os napolitanos têm a mesma criatividade com os pimentões. Esta é mais uma receita típica napolitana que a minha avó fazia.

2 berinjelas médias (cerca de 1 libra cada)

6 pimentões vermelhos, amarelos ou verdes grandes, cortados em tiras de 1/2 polegada

1/2 xícara mais 3 colheres de sopa de azeite

3 tomates médios, sem pele, sem sementes e picados

3/4 xícara de azeitonas pretas sem caroço, sem caroço e curadas em óleo, como Gaeta

6 filés de anchova bem picados

3 colheres de sopa de alcaparras, lavadas e escorridas

1 dente de alho grande, descascado e bem picado

3 colheres de sopa de salsa fresca picada

pimenta preta moída na hora

½ xícara mais 1 colher de sopa de farinha de rosca

1. Apare as berinjelas e corte-as em cubos de 3/4 de polegada. Coloque os pedaços em uma peneira, polvilhando cada camada com sal. Coloque a peneira em um prato e deixe escorrer por 1 hora. Lave a berinjela e seque com papel toalha.

2. Em uma frigideira grande, aqueça 1/2 xícara de óleo em fogo médio. Adicione a berinjela e cozinhe, mexendo ocasionalmente, até ficar macio, cerca de 10 minutos.

3. Adicione os tomates, azeitonas, anchovas, alcaparras, alho, salsa e pimenta a gosto. Deixe ferver e cozinhe por mais 5 minutos. Adicione 1/2 xícara de farinha de rosca e retire do fogo.

4. Coloque uma grade no centro do forno. Pré-aqueça o forno a 450 °F. Unte uma assadeira grande o suficiente para manter os pimentões na vertical.

5. Corte os talos dos pimentões e retire as sementes e as membranas brancas. Recheie os pimentões com a mistura de berinjela. Coloque os pimentões na frigideira preparada. Polvilhe com a restante 1 colher de sopa de pão ralado e regue com as restantes 3 colheres de sopa de óleo.

6. Despeje 1 xícara de água ao redor das pimentas. Asse por 1 hora e 15 minutos ou até que os pimentões estejam bem macios e levemente dourados. Sirva quente ou em temperatura ambiente.

Pimentos Recheados, Estilo Ada Boni

Pepperoni Ripieni alla Ada Boni

Rende de 4 a 8 porções

Ada Boni foi uma famosa escritora de culinária italiana e autora de vários livros de receitas. Sua culinária regional italiana é um clássico e um dos primeiros livros sobre o assunto traduzidos para o inglês. Esta receita é adaptada do capítulo da Sicília.

4 pimentões vermelhos ou amarelos médios

1 xícara de farinha de rosca torrada

4 colheres de passas

1/2 xícara de azeitonas pretas sem caroço, sem caroço e macias

6 filés de anchova picados

2 colheres de sopa de manjericão fresco picado

2 colheres de sopa de alcaparras, lavadas, escorridas e picadas

1/4 chávena mais 2 colheres de sopa de azeite

1 copomolho de tomate siciliano

1. Coloque uma grade no centro do forno. Pré-aqueça o forno a 375 ° F. Unte uma assadeira de 13 × 9 × 2 polegadas.

2. Usando uma faca de chef grande e pesada, corte os pimentões ao meio no sentido do comprimento. Corte os caules, sementes e membranas brancas.

3. Em uma tigela grande, misture a farinha de rosca, as passas, as azeitonas, as anchovas, o manjericão, as alcaparras e 1/4 de xícara de óleo. Prove e ajuste o tempero. (O sal é provavelmente desnecessário.)

4. Despeje a mistura nas metades do pimentão. Cubra com o molho. Asse por 50 minutos ou até que os pimentões estejam bem macios quando perfurados com uma faca. Sirva quente ou em temperatura ambiente.

pimentas fritas

Pepperoni Fritti

Rende de 6 a 8 porções

Crocantes e doces, são difíceis de resistir. Sirva-os com uma tortilla ou com qualquer carne cozida.

4 pimentões vermelhos ou amarelos grandes

1/2 xícara de farinha de trigo

Sal

1. Coloque os pimentões em uma tábua de corte. Segurando a haste com uma das mãos, coloque a ponta de uma faca de chef grande e pesada um pouco além da borda da tampa. Rasgar. Gire a pimenta 90° e corte-a novamente. Repita, virando e cortando os dois lados restantes. Descarte o coração, as sementes e o caule, que ficarão inteiros. Corte as membranas e raspe as sementes. Corte os pimentões em tiras de 1/4 de polegada.

2. Aqueça cerca de 2 polegadas de óleo em uma panela funda até que a temperatura atinja 375 ° F em um termômetro de fritura.

3. Forre uma bandeja com toalhas de papel. Coloque a farinha em uma tigela rasa. Passe as tiras de pimentão na farinha, sacudindo o excesso.

4. Adicione as tiras de pimenta ao óleo quente um pouco de cada vez. Frite até dourar e ficar macio, cerca de 4 minutos. Escorra nas toalhas de papel. Frite o restante em lotes, da mesma maneira. Polvilhe com sal e sirva imediatamente.

Pimentão salteado com abobrinha e hortelã

Calabresa e Abobrinha em Padella

Rende 6 porções

Quanto mais tempo ficar, melhor será o sabor, então prepare-o no início do dia para servi-lo em uma refeição posterior.

1 pimentão vermelho

1 pimentão amarelo

2 colheres de sopa de azeite

4 abobrinhas pequenas, cortadas em fatias de 1/4 de polegada

Sal

2 colheres de sopa de vinagre de vinho branco

2 dentes de alho, bem picados

2 colheres de sopa de hortelã fresca picada

1/2 colher de chá de orégano seco

Pitada de pimenta vermelha moída

1. Coloque os pimentões em uma tábua de corte. Segurando a haste com uma das mãos, coloque a ponta de uma faca de chef grande e pesada um pouco além da borda da tampa. Rasgar. Gire a pimenta 90° e corte-a novamente. Repita, virando e cortando os dois lados restantes. Descarte o coração, as sementes e o caule, que ficarão inteiros. Corte as membranas e raspe as sementes. Corte os pimentões em tiras de 1 polegada.

2. Em uma frigideira grande, aqueça o óleo em fogo médio. Adicione os pimentões e cozinhe, mexendo, por 10 minutos.

3. Adicione abobrinha e sal a gosto. Cozinhe, mexendo sempre, até que a abobrinha esteja macia, cerca de 15 minutos.

4. Enquanto os legumes cozinham, em uma tigela média, misture o vinagre, o alho, as ervas, a pimenta vermelha e o sal a gosto.

5. Adicione o pimentão e a abobrinha. Deixe descansar até que os legumes estejam em temperatura ambiente. Prove e ajuste o tempero.

Pimentão assado e terrina de beringela

Formato de Pepperoni e Melanzane

Rende de 8 a 12 porções

Esta é uma terrina incomum e bonita de pimentas em camadas, beringelas e aromas. Os sucos de pimenta gelificam levemente após o resfriamento e mantêm a terrina unida. Sirva como entrada ou como acompanhamento de carnes grelhadas.

4 grandespimentas vermelhas, torrado e descascado

2 berinjelas grandes (cerca de 1 1/2 libras cada)

Sal

Azeite de oliva

1/2 xícara de folhas frescas de manjericão picadas

4 dentes de alho grandes, descascados, sem sementes e finamente picados

1/4 xícara de vinagre de vinho tinto

pimenta preta moída na hora

1. Prepare os pimentões, se necessário. Apare as berinjelas e corte longitudinalmente em fatias de 1/4 de polegada de espessura. Coloque as fatias em uma peneira, polvilhando cada camada com sal. Deixe repousar pelo menos 30 minutos.

2. Pré-aqueça o forno a 450 ° F. Pincele dois moldes grandes de gelatina com óleo.

3. Lave as fatias de berinjela em água fria e seque com papel toalha. Disponha a berinjela nas formas em uma única camada. Pincele com óleo. Asse a berinjela por cerca de 10 minutos, até dourar levemente por cima. Vire os pedaços com pinças e asse por mais 10 minutos ou até ficarem macios e levemente dourados.

4. Escorra os pimentões e corte-os em tiras de 1 polegada.

5. Forre uma forma de pão de 8 × 4 × 3 polegadas com filme plástico. Coloque uma camada de fatias de berinjela no fundo da panela, sobrepondo ligeiramente. Coloque os pimentões assados sobre a berinjela. Polvilhe um pouco de manjericão, alho, vinagre, óleo e sal e pimenta a gosto. Continue em camadas, pressionando cada camada com firmeza, até que todos os ingredientes sejam usados. Cubra com filme plástico e pese o conteúdo com uma segunda forma de pão cheia de latas pesadas. Leve à geladeira por pelo menos 24 horas ou até 3 dias.

6. Para servir, destampe a terrina e inverta-a num prato de servir. Remova cuidadosamente o filme plástico. Corte a terrina em fatias grossas. Sirva frio ou à temperatura ambiente.

batata doce e azeda

Batata em Agrodolce

Rende de 6 a 8 porções

Esta é uma salada de batata ao estilo siciliano para ser servida à temperatura ambiente com entrecosto grelhado, frango ou linguiça.

2 libras de batatas para todos os fins, como Yukon Gold

1 cebola

2 colheres de sopa de azeite

1 xícara de azeitonas pretas sem caroço, como Gaeta

2 colheres de alcaparras

Sal e pimenta-do-reino moída na hora

2 colheres de sopa de vinagre de vinho branco

2 colheres de açúcar

1. Esfregue as batatas com uma escova em água fria corrente. Descasque-os se desejar. Corte as batatas ao meio ou em quartos

se forem grandes. Em uma frigideira grande, refogue a cebola no óleo até ficar macia e dourada, cerca de 10 minutos.

2. Adicione as batatas, azeitonas, alcaparras e sal e pimenta a gosto. Adicione 1 xícara de água e deixe ferver. Cozinhe 15 minutos.

3. Em uma tigela pequena, misture o vinagre e o açúcar e adicione à panela. Continue cozinhando até que as batatas estejam macias, cerca de 5 minutos. Retire do fogo e deixe esfriar completamente. Sirva em temperatura ambiente.

Batatas com Vinagre Balsâmico

Patate al balsâmico

Rende 6 porções

Cebola roxa e vinagre balsâmico dão sabor a essas batatas. Eles também são bons em temperatura ambiente.

2 libras de batatas para todos os fins, como Yukon Gold

2 colheres de sopa de azeite

1 cebola roxa grande, picada

2 colheres de sopa de água

Sal e pimenta-do-reino moída na hora

2 colheres de vinagre balsâmico

1. Esfregue as batatas com uma escova em água fria corrente. Descasque-os se desejar. Corte as batatas ao meio ou em quartos se forem grandes.

2. Aqueça o óleo em uma panela média em fogo médio. Adicione as batatas, cebola, água e sal e pimenta a gosto. Cubra a frigideira e

reduza o fogo para baixo. Cozinhe por 20 minutos ou até que as batatas estejam macias.

3. Descubra a panela e adicione o vinagre. Cozinhe até que a maior parte do líquido tenha evaporado, cerca de 5 minutos. Sirva quente ou em temperatura ambiente.

Espetadas de Atum com Laranja

Spiedini di Tonno

Rende 4 porções

Toda primavera, os pescadores sicilianos se reúnem para a mattanza, a matança do atum. Esta maratona de pesca ritual envolve numerosos pequenos barcos cheios de homens que conduzem o atum migratório para uma série de redes cada vez menores até serem capturados. Os peixes enormes são então mortos e trazidos a bordo dos navios. O processo é trabalhoso e, enquanto trabalham, os homens entoam cantos especiais que os historiadores datam da Idade Média ou até antes. Embora esta prática esteja desaparecendo, ainda existem alguns lugares ao longo das costas norte e oeste onde ocorre a mattanza.

Os sicilianos têm inúmeras maneiras de cozinhar atum. Com ele, o aroma de laranja grelhada e ervas aromáticas prenunciava o sabor tentador de pedaços de peixe de carne firme.

1 1/2 libras de atum fresco, peixe-espada ou filetes de salmão (cerca de 2,5 cm de espessura)

1 laranja de umbigo cortada em 16 pedaços

1 cebola roxa pequena, cortada em 16 pedaços

2 colheres de sopa de azeite

2 colheres de sopa de suco de limão fresco

1 colher de sopa de alecrim fresco picado

Sal e pimenta-do-reino moída na hora

6 a 8 folhas de louro

1. Corte o atum em pedaços de 1 1/2 polegada. Em uma tigela grande, misture os pedaços de atum, laranja e cebola roxa com azeite, suco de limão, alecrim, sal e pimenta a gosto.

2. Posicione a churrasqueira ou grelha a cerca de 5 polegadas da fonte de calor. Pré-aqueça a grelha ou churrasco.

3. Espete o atum, os pedaços de laranja, a cebola e o louro alternadamente em 8 espetos.

4. Grelhe ou grelhe até o atum ficar dourado, cerca de 3 a 4 minutos. Vire os espetos e cozinhe até dourar por fora, mas ainda rosa no centro, cerca de mais 2 minutos, ou até ficar cozido a gosto. Servir quente.

Atum e Pimentos Grelhados, Molise

Tonno e Peperoni

Rende 4 porções

Pimentas e pimentas malagueta são uma das marcas da culinária de estilo Molise. Primeiro fiz este prato com sgombri, que são semelhantes à cavala, mas costumo fazê-lo com atum ou bifes de espadarte.

4 pimentões vermelhos ou amarelos

4 bifes de atum (cada um com cerca de 3/4 de polegada de espessura)

2 colheres de sopa de azeite

Sal e pimenta-do-reino moída na hora

1 colher de sopa de suco de limão fresco

2 colheres de sopa de salsa fresca picada

1 jalapeno pequeno ou outro chile fresco, pimentão vermelho picado ou esmagado a gosto

1 dente de alho bem picado

1. Posicione a grelha ou a assadeira a cerca de 12 cm da fonte de calor. Prepare um fogo médio em uma grelha ou pré-aqueça o frango.

2. Grelhe ou grelhe os pimentões, virando com frequência, até que a pele fique com bolhas e ligeiramente carbonizada, cerca de 15 minutos. Coloque os pimentões em uma tigela e cubra com papel alumínio ou filme plástico.

3. Pincele os bifes de atum com azeite e sal e pimenta a gosto. Grelhe ou grelhe o peixe até dourar de um lado, cerca de 2 minutos. Vire o peixe com uma pinça e cozinhe até dourar do outro lado, mas ainda rosa no centro, cerca de mais 2 minutos, ou até ficar a gosto. Teste o cozimento fazendo um pequeno corte na parte mais grossa do peixe.

4. Núcleo, descasque e semeie as pimentas. Corte os pimentões em tiras de 1/2 polegada e coloque em uma tigela. Tempere com 2 colheres de azeite, sumo de limão, salsa, malagueta, alho e sal a gosto. Misture delicadamente.

5. Corte o peixe em fatias de 1/2 polegada. Coloque as fatias ligeiramente sobrepostas num prato de servir. Despeje os pimentões por cima. Servir quente.

Atum Grelhado com Limão e Orégãos

Tonno alla Griglia

Rende 4 porções

A primeira vez que visitei a Sicília, em 1970, não havia muitos restaurantes; os que existiam pareciam servir ao mesmo cardápio. Comia bifes de atum ou de peixe-espada assim preparados em praticamente todos os almoços e jantares. Felizmente, ele sempre esteve bem preparado. Os sicilianos cortam seus filés de peixe com apenas 1/2 polegada de espessura, mas eu prefiro que tenham 1 polegada de espessura para que não cozinhem com muita facilidade. O atum fica no seu melhor, úmido e macio, quando cozido até o centro ficar vermelho ou rosa, enquanto o espadarte deve ficar levemente rosado. Por ter cartilagem que precisa ser amolecida, o tubarão pode ser cozido um pouco mais.

4 bifes de atum, espadarte ou tubarão, com cerca de 2,5 cm de espessura

Azeite de oliva

Sal e pimenta-do-reino moída na hora

1 colher de sopa de suco de limão espremido na hora

1/2 colher de chá de orégano seco

1. Coloque uma churrasqueira ou grill a cerca de 5 polegadas da fonte de calor. Pré-aqueça a grelha ou churrasco.

2. Pincele os filés generosamente com azeite e adicione sal e pimenta a gosto.

3. Grelhe o peixe até dourar levemente de um lado, 2 a 3 minutos. Vire o peixe e cozinhe até dourar levemente, mas ainda rosa por dentro, cerca de mais 2 minutos, ou até ficar a gosto. Teste o cozimento fazendo um pequeno corte na parte mais grossa do peixe.

4. Em uma tigela pequena, misture 3 colheres de sopa de azeite, suco de limão, orégano e sal e pimenta a gosto. Despeje a mistura de suco de limão sobre os bifes de atum e sirva imediatamente.

Bifes de atum grelhados crocantes

Tonno alla Griglia

Rende 4 porções

A farinha de rosca faz uma bela cobertura crocante nesses filés de peixe.

4 bifes de atum ou espadarte (1 polegada de espessura)

¾ chávena de pão ralado seco

1 colher de sopa de salsa fresca picada

1 colher de sopa de hortelã fresca picada ou 1 colher de chá de orégano seco

Sal e pimenta-do-reino moída na hora

4 colheres de sopa de azeite

rodelas de limão

1. Pré-aqueça a grelha. Unte a assadeira. Em uma tigela, misture a farinha de rosca, salsa, hortelã e sal e pimenta a gosto. Adicione 3 colheres de sopa de óleo ou apenas o suficiente para umedecer as migalhas.

2. Coloque os filés de peixe na assadeira. Espalhe metade das migalhas sobre o peixe, amassando-o.

3. Grelhe os filés a cerca de 15 cm do fogo por 3 minutos ou até que as migalhas fiquem douradas. Vire cuidadosamente os filés com uma espátula de metal e polvilhe com o restante da farofa. Grelhe por mais 2 a 3 minutos ou até ficar rosado no centro, ou até terminar a gosto. Teste o cozimento fazendo um pequeno corte na parte mais grossa do peixe.

4. Regue com a colher de sopa restante de óleo. Sirva quente, com rodelas de limão.

Atum grelhado com pesto de rúcula

Tonno al Pesto

Rende 4 porções

O sabor picante da rúcula e a cor verde esmeralda brilhante deste molho são um complemento perfeito para atum fresco ou peixe-espada. Este prato também é bom em temperatura ambiente fria.

4 bifes de atum, com cerca de 2,5 cm de espessura

Azeite de oliva

Sal e pimenta-do-reino moída na hora

pesto de foguete

1 cacho de rúcula, lavado e sem caule (cerca de 2 xícaras levemente embaladas)

1/2 xícara de manjericão fresco levemente embalado

2 dentes de alho

1/2 xícara de azeite

Sal e pimenta-do-reino moída na hora

1. Esfregue o peixe com um pouco de azeite e sal e pimenta a gosto. Cubra e leve à geladeira até que esteja pronto para cozinhar.

2. Para fazer o pesto: Em um processador de alimentos, misture a rúcula, o manjericão e o alho e processe até ficar bem picado. Adicione lentamente o óleo e processe até ficar homogêneo. Adicione sal e pimenta a gosto. Cubra e deixe repousar 1 hora à temperatura ambiente.

3. Em uma frigideira antiaderente grande, aqueça 1 colher de sopa de óleo em fogo médio. Adicione as fatias de atum e cozinhe 2 a 3 minutos de cada lado ou até dourar por fora, mas ainda rosa no centro, ou até ficar cozido a gosto. Teste o cozimento fazendo um pequeno corte na parte mais grossa do peixe.

4. Sirva o atum morno ou em temperatura ambiente, regado com o pesto de rúcula.

Ensopado de Atum e Feijão Cannellini

fogão tonno

Rende 4 porções

Durante o inverno, tendo a cozinhar mais carne do que frutos do mar, porque a carne parece mais satisfatória quando está fria. A exceção é este guisado de feijão e bifes de atum frescos e carnudos. Tem todas as qualidades de costela e o bom sabor de uma feijoada, mas sem carne, tornando-o perfeito para pessoas que preferem refeições sem carne.

2 colheres de sopa de azeite

1 1/2 libras de atum fresco (1 polegada de espessura), cortado em pedaços de 1 1/2 polegada

Sal e pimenta-do-reino moída na hora a gosto.

1 pimentão vermelho ou verde grande, cortado em pedaços pequenos

1 xícara de tomate pelado em conserva, escorrido e picado

1 dente de alho grande, finamente picado

6 folhas de manjericão fresco cortadas em pedaços

1 (16 onças) de feijão cannellini, lavado e escorrido, ou 2 xícaras de feijão seco cozido

1. Aqueça o óleo em uma frigideira grande em fogo médio. Seque os pedaços de atum com papel toalha. Quando o óleo estiver quente, adicione os pedaços de atum sem encher a panela. Cozinhe até que as peças fiquem levemente douradas por fora, cerca de 6 minutos. Transfira o atum para um prato. Polvilhe com sal e pimenta.

2. Adicione o pimentão à frigideira e cozinhe, mexendo ocasionalmente, até começar a dourar, cerca de 10 minutos. Adicione o tomate, alho, manjericão, sal e pimenta. Leve ao fogo brando. Adicione o feijão, tampe e reduza o fogo para baixo. Cozinhe por 10 minutos.

3. Adicione o atum e cozinhe até que o atum esteja levemente rosado no centro, cerca de mais 2 minutos, ou até ficar a gosto. Teste o cozimento fazendo um pequeno corte na parte mais grossa do peixe. Servir quente.

peixe-espada siciliano com cebola

Peixe Spada a Sfinciuni

Rende 4 porções

Os cozinheiros sicilianos preparam uma deliciosa pizza chamada sfinciuni, palavra derivada do árabe que significa "leve" ou "arejado". A pizza tem uma massa grossa mas leve e é coberta com cebola, anchovas e molho de tomate. Esta receita tradicional de espadarte é derivada dessa pizza.

3 colheres de sopa de azeite

1 cebola média, em fatias finas

4 filés de anchova picados

1 xícara de tomates frescos sem pele, sem sementes e picados, ou tomates enlatados, escorridos e picados

Uma pitada de orégano seco, esfarelado

Sal e pimenta-do-reino moída na hora a gosto.

4 filetes de espadarte, com cerca de 3/4 de polegada de espessura

2 colheres de farinha de rosca seca

1. Despeje 2 colheres de sopa de óleo em uma frigideira média. Adicione a cebola e cozinhe até ficar macia, cerca de 5 minutos. Adicione as anchovas e cozinhe por mais 5 minutos ou até ficarem bem macias. Adicione os tomates, orégano, sal e pimenta e cozinhe por 10 minutos.

2. Coloque uma grade no centro do forno. Pré-aqueça o forno a 350 ° F. Unte uma assadeira grande o suficiente para manter o peixe em uma única camada.

3. Seque os filetes de espadarte. Coloque-os na assadeira preparada. Polvilhe com sal e pimenta. Despeje o molho com uma colher. Misture a farinha de rosca com a colher de sopa restante de óleo. Espalhe as migalhas sobre o molho.

4. Asse por 10 minutos ou até que o peixe esteja levemente rosado no centro. Teste o cozimento fazendo um pequeno corte na parte mais grossa do peixe. Servir quente.

batatas venezianas

Patate alla Veneziana

Rende 4 porções

Embora eu use batatas douradas Yukon para a maioria das refeições, existem muitas outras boas variedades disponíveis, especialmente em mercados de agricultores, e adicionam variedade aos pratos de batata. Batatas amarelas finlandesas são boas para assar e assar, e as vermelhas russas são ótimas em saladas. Embora pareçam estranhas, as batatas azuis também podem ser muito boas.

1 1/4 libras de batatas para todos os fins, como Yukon Gold

2 colheres de sopa de manteiga sem sal

1 colher de sopa de azeite

1 cebola média picada

Sal e pimenta-do-reino moída na hora

2 colheres de sopa de salsa fresca picada

1. Esfregue as batatas com uma escova em água fria corrente. Descasque-os se desejar. Corte as batatas ao meio ou em quartos se forem grandes. Em uma frigideira grande, derreta a manteiga

com o azeite em fogo médio. Adicione a cebola e cozinhe até ficar macia, cerca de 5 minutos.

2. Adicione as batatas e sal e pimenta a gosto. Tampe a frigideira e cozinhe, mexendo ocasionalmente, por cerca de 20 minutos ou até que as batatas estejam macias.

3. Adicione a salsinha e mexa bem. Servir quente.

Batatas "salteadas"

chute de salto

Rende 4 porções

Quando você pede batatas fritas em um restaurante italiano, é isso que você recebe. As batatas ficam levemente crocantes por fora e macias e cremosas por dentro. Eles são chamados de batatas "puladas" porque precisam ser frequentemente mexidos ou jogados na panela.

1 1/4 libras de batatas para todos os fins, como Yukon Gold

1/4 xícara de azeite

Sal e pimenta-do-reino moída na hora

1. Esfregue as batatas com uma escova em água fria corrente. Descasque as batatas. Corte-os em pedaços de 1 polegada.

2. Despeje o óleo em uma frigideira de 9 polegadas. Coloque a frigideira em fogo médio-alto até que o óleo esteja bem quente e um pedaço de batata chie quando adicionado.

3. Seque bem as batatas com papel toalha. Adicione as batatas ao óleo quente e cozinhe por 2 minutos. Vire as batatas e cozinhe

por mais 2 minutos. Continue cozinhando, virando as batatas a cada 2 minutos ou até dourar levemente por todos os lados, cerca de 10 minutos no total.

4. Adicione sal e pimenta a gosto. Cubra a frigideira e cozinhe, virando ocasionalmente, até que as batatas estejam macias quando perfuradas com uma faca, cerca de 5 minutos. Sirva imediatamente.

Variação: Batatas com Alho e Ervas: Na etapa 4, adicione 2 dentes de alho picados e uma colher de sopa de alecrim ou sálvia fresca picada.

Batatas e Pimentos Salteados

Patate e Pepperoni em Padella

Rende 6 porções

Pimentão, alho e pimenta vermelha adicionam sabor a este refogado saboroso.

1 1/4 libras de batatas para todos os fins, como Yukon Gold

4 colheres de sopa de azeite

2 pimentões vermelhos ou amarelos grandes, cortados em pedaços de 2,5 cm

Sal

1/4 xícara de salsa fresca picada

2 dentes de alho grandes

Pitada de pimenta vermelha moída

1. Esfregue as batatas com uma escova em água fria corrente. Descasque as batatas e corte-as em pedaços de 1 polegada.

2. Em uma frigideira grande, aqueça 2 colheres de sopa de óleo em fogo médio. Seque bem as batatas com papel toalha e coloque-as na panela. Cozinhe, mexendo as batatas ocasionalmente, até começar a dourar, cerca de 10 minutos. Polvilhe com sal. Tampe a panela e cozinhe por 10 minutos.

3. Enquanto as batatas cozinham, em uma frigideira separada, aqueça as 2 colheres de sopa restantes de óleo em fogo médio. Adicione o pimentão e sal a gosto. Cozinhe, mexendo ocasionalmente, até que os pimentões estejam quase macios, cerca de 10 minutos.

4. Misture as batatas e, em seguida, adicione os pimentões. Adicione a salsa, o alho e a pimenta vermelha esmagada. Cozinhe até que as batatas estejam macias, cerca de 5 minutos. Servir quente.

Purê de Batatas com Salsa e Alho

Patate Schiacciate all'Aglio e Prezzemolo

Rende 4 porções

O purê de batata recebe um tratamento italiano com salsa, alho e azeite. Se você gosta de batatas picantes, adicione uma grande pitada de pimenta vermelha esmagada.

1 1/4 libras de batatas para todos os fins, como Yukon Gold

Sal

1/4 xícara de azeite

1 dente de alho grande, finamente picado

1 colher de sopa de salsa fresca picada

pimenta preta moída na hora

1. Esfregue as batatas com uma escova em água fria corrente. Descasque as batatas e corte-as em quartos. Coloque as batatas em uma panela média com água fria para cobrir e sal a gosto. Cubra e leve para ferver. Cozinhe por 15 minutos ou até que as batatas estejam macias quando perfuradas com uma faca. Escorra as batatas, reservando um pouco de água.

2. Seque a panela em que as batatas foram cozidas. Adicione 2 colheres de sopa de óleo e o alho e cozinhe em fogo médio até que o alho fique perfumado, cerca de 1 minuto. Adicione as batatas e a salsa à panela. Amasse as batatas com um espremedor ou garfo, mexendo bem para misturá-las com o alho e a salsinha. Adicione o restante do azeite, sal e pimenta a gosto. Adicione um pouco da água do cozimento, se necessário. Sirva imediatamente.

Variação: Purê de Azeitonas: Adicione 2 colheres de sopa de azeitonas pretas ou verdes picadas antes de servir.

Batatas novas com ervas e bacon

Patatine all Erbe Aromatiche

Rende 4 porções

Batatas novas são deliciosas cozidas dessa maneira. (Batatas novas não são uma variedade. Qualquer batata recém-cavada com casca fina pode ser chamada de batata nova.) Use uma batata comum se não houver batatas novas disponíveis.

1 1/4 libras pequenas batatas novas

2 onças de bacon fatiado, em cubos

1 cebola média picada

2 colheres de sopa de azeite

1 dente de alho bem picado

6 folhas de manjericão fresco cortadas em pedaços

1 colher de chá de alecrim fresco picado

1 folha de louro

Sal e pimenta-do-reino moída na hora

1. Esfregue as batatas com uma escova em água fria corrente. Descasque-os se desejar. Corte as batatas em pedaços de 1 polegada.

2. Misture a pancetta, a cebola e o azeite em uma frigideira grande. Cozinhe em fogo médio até ficar macio, cerca de 5 minutos.

3. Adicione as batatas e cozinhe, mexendo ocasionalmente, por 10 minutos.

4. Adicione o alho, manjericão, alecrim, louro e sal e pimenta a gosto. Tampe a panela e cozinhe por mais 20 minutos, mexendo de vez em quando, até que as batatas estejam macias quando espetadas com um garfo. Adicione um pouco de água se as batatas começarem a dourar muito rapidamente.

5. Retire a folha de louro e sirva quente.

Batata com Tomate e Cebola

Patate alla Pizzaiola

Rende de 6 a 8 porções.

Batatas assadas com sabores de pizza são típicas de Nápoles e outras partes do sul.

2 libras de batatas para todos os fins, como Yukon Gold

2 tomates grandes, sem pele, sem sementes e picados

2 cebolas médias, fatiadas

1 dente de alho bem picado

1/2 colher de chá de orégano seco

1/4 xícara de azeite

Sal e pimenta-do-reino moída na hora

1. Pré-aqueça o forno a 450 ° F. Esfregue as batatas com uma escova em água corrente fria. Descasque-os se desejar. Corte as batatas em pedaços de 1 polegada. Em uma assadeira grande o suficiente para conter os ingredientes em uma única camada, misture as batatas, tomates, cebolas, alho, orégano, óleo e sal e pimenta a gosto. Distribua os ingredientes uniformemente na panela.

2.Coloque uma grade no centro do forno. Grelhe os legumes, mexendo 2-3 vezes, por 1 hora ou até que as batatas estejam cozidas. Servir quente.

Batatas Assadas com Alho e Alecrim

Batata Arroz

Rende 4 porções

Nunca me canso dessas batatas marrons crocantes. Ninguém pode resistir a eles. O truque para fazê-los é usar uma panela grande o suficiente para que os pedaços de batata mal se toquem e não empilhados uns sobre os outros. Se a sua assadeira não for grande o suficiente, use uma assadeira de muffin de gelatina de 15 x 10 x 1 polegada ou use duas assadeiras menores.

2 libras de batatas para todos os fins, como Yukon Gold

1 1/4 xícara de azeite

1 colher de sopa de alecrim fresco picado

Sal e pimenta-do-reino moída na hora

2 dentes de alho finamente picados

1. Coloque uma grade no centro do forno. Pré-aqueça o forno a 400 °F. Esfregue as batatas com uma escova em água corrente fria. Descasque-os se desejar. Corte as batatas em pedaços de 1 polegada. Seque as batatas com papel toalha. Arrume-os em uma

assadeira grande o suficiente para acomodar as batatas em uma única camada. Regue com o azeite e misture com o alecrim e sal e pimenta a gosto. Distribua as batatas uniformemente.

2.Grelhe as batatas, mexendo a cada 15 minutos, por 45 minutos. Adicione o alho e cozinhe por mais 15 minutos ou até que as batatas estejam macias. Servir quente.

Batatas Assadas com Cogumelos

Patate e Funghi al Forno

Rende 6 porções

As batatas captam alguns dos aromas de cogumelos e alho enquanto assam na mesma panela.

1 1/2 libras de batatas para todos os fins, como Yukon Gold

1 libra de cogumelos, qualquer tipo, cortados ao meio ou esquartejados se grandes

1 1/4 xícara de azeite

2 a 3 dentes de alho, cortados em fatias finas

Sal e pimenta-do-reino moída na hora

2 colheres de sopa de salsa fresca picada

1. Coloque uma grade no centro do forno. Pré-aqueça o forno a 400 ° F. Esfregue as batatas com uma escova em água corrente fria. Descasque-os se desejar. Corte as batatas em pedaços de 1 polegada. Coloque as batatas e os cogumelos em uma assadeira grande. Misture os legumes com azeite, alho e uma pitada generosa de sal e pimenta.

2. Grelhe os legumes 15 minutos. Jogue-os bem. Asse por mais 30 minutos, mexendo ocasionalmente, ou até que as batatas estejam macias. Polvilhe com salsa picada e sirva quente.

Batatas e couve-flor, estilo Basilicata

Patate e Cavolfiore al Oven

Faz 4 a 6

Jogue uma frigideira de batatas e couve-flor no forno junto com um pouco de carne de porco ou frango assado para um ótimo jantar de domingo. Os vegetais devem estar crocantes e dourados nas bordas, e seus sabores devem ser realçados pelo cheiro de orégano.

1 couve-flor pequena

1/4 xícara de azeite

3 batatas médias para todos os fins, como ouro Yukon esquartejado

1/2 colher de chá de orégano seco, esfarelado

Sal e pimenta-do-reino moída na hora

1. Corte a couve-flor em floretes de 2 polegadas. Corte as pontas dos talos. Corte os caules grossos transversalmente em fatias de 1/4 de polegada.

2. Coloque uma grade no centro do forno. Pré-aqueça o forno a 400 ° F. Despeje o óleo em uma assadeira de 13 × 9 × 2 polegadas.

Adicione os legumes e mexa bem. Polvilhe com o orégano e sal e pimenta a gosto. Misture novamente.

3. Asse por 45 minutos ou até que os legumes estejam macios e dourados. Servir quente.

Batatas e repolho na panela

Patate e Cavolo em Tegame

Rende de 4 a 6 porções

Versões deste prato existem em toda a Itália. No Friuli, a pancetta defumada é adicionada à panela com a cebola. Eu gosto desta versão simples da Basilicata. O rosa pálido da cebola complementa as batatas brancas cremosas e o repolho verde. As batatas ficam tão moles que parecem purê de batatas quando o repolho está macio.

3 colheres de sopa de azeite

1 cebola roxa média, picada

1/2 cabeça de repolho médio, em fatias finas (cerca de 4 xícaras)

3 batatas médias para todos os fins, como Yukon Gold, descascadas e cortadas em pedaços pequenos

1/2 xícara de água

Sal e pimenta-do-reino moída na hora

1. Despeje o óleo em uma frigideira grande. Adicione a cebola e cozinhe em fogo médio, mexendo sempre, até amolecer, cerca de 5 minutos.

2. Adicione repolho, batatas, água e sal e pimenta a gosto. Tampe e cozinhe, mexendo ocasionalmente, por 30 minutos ou até que os legumes estejam macios. Adicione um pouco mais de água se os legumes começarem a grudar. Servir quente.

Torta de Batata e Espinafre

Torta de Patate e Spinaci

Rende 8 porções

Quando comi este bolo de vegetais em camadas em Roma, ele foi feito com radicchio em vez de espinafre. O radicchio romano se assemelha a um dente-de-leão jovem ou a uma rúcula madura. O espinafre é um bom substituto para o radicchio. Para obter o melhor sabor, deixe este prato esfriar um pouco antes de servir.

2 libras de batatas para todos os fins, como Yukon Gold

Sal

4 colheres de sopa de manteiga sem sal

1 cebola pequena, bem picada

1 1/2 libras de espinafre, radicchio, dente-de-leão ou acelga suíça, aparados

1/2 xícara de água

1/2 xícara de leite morno

1 xícara de Parmigiano-Reggiano ralado na hora

pimenta preta moída na hora

1 colher de pão ralado

1. Esfregue as batatas com uma escova em água fria corrente. Descasque as batatas e coloque-as em uma panela média com água fria para cobrir. Adicione sal e tampe a panela. Deixe ferver e cozinhe por cerca de 20 minutos, ou até que as batatas estejam macias.

2. Em uma frigideira pequena, derreta 2 colheres de sopa de manteiga em fogo médio. Adicione a cebola e cozinhe, mexendo sempre, até a cebola ficar macia e dourada.

3. Coloque o espinafre em uma panela grande com 1/2 xícara de água e sal a gosto. Cubra e cozinhe até ficar macio, cerca de 5 minutos. Escorra bem e esprema o excesso de líquido. Pique os espinafres numa tábua.

4. Adicione o espinafre à panela e misture junto com a cebola.

5. Quando as batatas estiverem macias, escorra e amasse até ficar homogêneo. Adicione as 2 colheres de sopa restantes de manteiga e o leite. Adicione 3/4 xícara de queijo e misture bem. Tempere a gosto com sal e pimenta.

6. Coloque uma grade no centro do forno. Pré-aqueça o forno a 375 ° F.

7. Unte generosamente com manteiga uma assadeira de 9 polegadas. Espalhe metade das batatas no prato. Faça uma segunda camada de todo o espinafre. Cubra com as batatas restantes. Polvilhe com o restante de 1/4 xícara de queijo e farinha de rosca.

8. Asse por 45 a 50 minutos ou até que o topo esteja dourado. Deixe repousar 15 minutos antes de servir.

Croquetes de batata napolitana

Panzerotti ou Crocche

cerca de 24 anos atrás

Em Nápoles, as pizzarias montaram barracas na calçada para vender esses saborosos purês de batata em uma cobertura crocante de pão ralado, tornando mais fácil para os transeuntes comê-los no almoço ou lanche. Esta, porém, é a receita da minha avó. Comíamos batatas fritas em feriados e ocasiões festivas ao longo do ano, geralmente como acompanhamento de rosbife.

2 1/2 libras de batatas para todos os fins, como Yukon Gold

3 ovos grandes

1 xícara de Pecorino Romano ou Parmigiano-Reggiano ralado na hora

2 colheres de sopa de salsa fresca picada

1/4 xícara de salame finamente picado (cerca de 2 onças)

Sal e pimenta-do-reino moída na hora

2 xícaras de farinha de rosca seca

Óleo vegetal para fritar

1. Esfregue as batatas com uma escova em água fria corrente. Coloque as batatas em uma panela grande com água fria para cobrir. Tampe a panela e leve a água para ferver. Cozinhe em fogo médio até que as batatas estejam macias quando perfuradas com um garfo, cerca de 20 minutos. Escorra as batatas e deixe-as esfriar um pouco. Descasque as batatas. Coloque-os em uma tigela grande e amasse com um espremedor ou garfo até ficar homogêneo.

2. Separe os ovos, coloque as gemas em uma tigela pequena e reserve as claras em um prato raso. Espalhe a farinha de rosca em uma folha de papel manteiga.

3. Adicione as gemas, queijo, salsa e salame ao purê de batatas. Adicione sal e pimenta a gosto.

4. Com cerca de 1/4 de xícara da mistura de batata, forme uma salsicha com cerca de 2,5 cm de largura e 2,5 cm de comprimento. Repita com as batatas restantes.

5. Bata as claras com um batedor ou garfo até espumar. Mergulhe as rodelas de batata nas claras e depois passe-as na farinha de rosca, cobrindo-as completamente. Coloque as toras em um rack e deixe-as secar por 15 a 30 minutos.

6. Despeje cerca de 1/2 polegada de óleo em uma frigideira grande e pesada. Aqueça em fogo médio até que um pouco da clara do ovo chie ao derramar no óleo. Coloque cuidadosamente algumas toras na panela, deixando um pouco de espaço entre elas. Frite, virando ocasionalmente com pinças, até dourar uniformemente, cerca de 10 minutos. Transfira os croquetes dourados para toalhas de papel para escorrer.

7. Sirva imediatamente ou mantenha os croquetes aquecidos em forno baixo enquanto frita o restante.

Torta de Batata Napolitana do Papai

Gatto'

Rende de 6 a 8 porções

Gatto' vem do francês gateau, que significa "torta". A derivação me leva a acreditar que essa receita foi popularizada pelos monzu treinados na França, chefs que cozinhavam para aristocratas na corte de Nápoles.

Em casa chamávamos-lhe bolo de batata e, se não comêssemos croquetes de batata ao almoço de domingo, comíamos este prato de batata, que era a especialidade do meu pai.

2 1/2 libras de batatas para todos os fins, como Yukon Gold

Sal

1/4 chávena de pão ralado seco

4 colheres de sopa (1/2 bastão) de manteiga sem sal, amolecida

1 xícara de leite morno

1 xícara mais 2 colheres de sopa de Parmigiano-Reggiano ralado na hora

1 ovo grande, batido

¼ colher de chá de noz-moscada ralada na hora

Sal e pimenta-do-reino moída na hora

8 onças de mussarela fresca, picada

4 onças de salame ou presunto italiano importado, picado

1. Esfregue as batatas com uma escova em água fria corrente. Coloque as batatas em uma panela grande com água fria para cobrir. Adicione sal a gosto. Tampe a panela e leve a água para ferver. Cozinhe em fogo médio até que as batatas estejam macias quando perfuradas com um garfo, cerca de 20 minutos. Escorra e deixe esfriar um pouco.

2. Coloque uma grade no centro do forno. Pré-aqueça o forno a 400 °F. Unte com manteiga uma assadeira de 2 litros. Polvilhe com o pão ralado.

3. Descasque as batatas, coloque-as em uma tigela grande e amasse com um espremedor ou garfo até ficar homogêneo. Adicione 3 colheres de sopa de manteiga, leite, 1 xícara de queijo parmesão, ovo, noz-moscada e sal e pimenta a gosto. Adicione a mussarela e o salame.

4. Espalhe a mistura uniformemente no prato preparado. Polvilhe com o Parmigiano restante. Ponto com o restante 1 colher de sopa de manteiga.

5. Asse por 35 a 45 minutos ou até que o topo esteja dourado. Deixe repousar brevemente à temperatura ambiente antes de servir.

tomates fritos

Pomodori em Padella

Rende de 6 a 8 porções

Sirva-os como acompanhamento de carnes grelhadas ou assadas, ou à temperatura ambiente, desfiado em pão torrado como aperitivo.

8 tomates ameixa

1/4 xícara de azeite

2 dentes de alho finamente picados

2 colheres de sopa de manjericão fresco picado

Sal e pimenta-do-reino moída na hora

1. Lave os tomates e seque-os. Usando uma faca pequena, corte ao redor da ponta do caule de cada tomate e retire. Corte os tomates ao meio no sentido do comprimento.

2. Em uma frigideira grande, aqueça o azeite com o alho e o manjericão em fogo médio. Adicione as metades de tomate com o lado cortado para baixo. Polvilhe com sal e pimenta. Cozinhe

até que os tomates estejam dourados e macios, cerca de 10 minutos. Sirva quente ou em temperatura ambiente.

tomates cozidos no vapor

Pomodori cozido no vapor

Rende 4 porções

Aqui, os pequenos tomates doces são cozidos em seu próprio suco. Sirva-os como acompanhamento de carne ou peixe, ou coloque-os em cima de uma fritada. Se os tomates não estiverem doces o suficiente, adicione uma pitada de açúcar enquanto cozinham.

1 litro de tomate cereja ou uva

2 colheres de sopa de azeite extra virgem

Sal

6 folhas de manjericão, empilhadas e cortadas em tiras estreitas

1. Lave os tomates e seque-os. Corte-os ao meio na ponta do caule. Em uma panela pequena, misture os tomates, o óleo e o sal. Tampe a panela e leve ao fogo baixo. Cozinhe por 10 minutos ou até que os tomates amoleçam, mas mantenham a forma.

2. Adicione o manjericão. Sirva quente ou em temperatura ambiente.

tomates assados

Pomodori al Forno

Rende 8 porções

Uma cobertura de farinha de rosca tempera esses tomates. Acompanham bem peixe grelhado e a maioria dos pratos com ovos.

8 tomates ameixa

1 xícara de farinha de rosca

4 filés de anchova finamente picados

2 colheres de sopa de alcaparras, lavadas e escorridas

1/2 xícara de Pecorino Romano ralado na hora

1/2 colher de chá de orégano seco

3 colheres de sopa de azeite

Sal e pimenta-do-reino moída na hora

1. Lave e seque os tomates. Corte os tomates ao meio no sentido do comprimento. Usando uma colher pequena, coloque as sementes em uma peneira de malha fina colocada sobre uma tigela para

coletar os sucos. Em uma frigideira grande, toste a farinha de rosca em fogo médio, mexendo sempre, até perfumar, não dourar, cerca de 5 minutos. Retire do fogo e deixe esfriar um pouco.

2. Coloque uma grade no centro do forno. Pré-aqueça o forno a 400 ° F. Unte uma assadeira grande. Coloque as cascas de tomate com o lado cortado para cima na panela.

3. Na tigela com o suco de tomate, adicione a farinha de rosca, anchovas, alcaparras, queijo, orégano, sal e pimenta. Adicione 2 colheres de sopa de azeite. Recheie a mistura com as cascas de tomate. Regue com a colher de sopa restante de óleo.

4. Asse por 40 minutos ou até que os tomates estejam macios e as migalhas estejam douradas. Servir quente.

Farro de Tomate Recheado

Pomodori Ripieni

Rende 4 porções

Farro, um grão antigo muito popular na Itália, é um excelente recheio para tomates quando misturado com queijo e cebola. Eu tinha algo assim no L'Angolo Divino, um bar de vinhos em Roma.

1 xícara de farro semi-pérola (ou bulgur ou substituto de baga de trigo)

Sal

4 tomates grandes redondos

1 cebola pequena bem picada

2 colheres de sopa de azeite

¼ xícara de Pecorino Romano ou Parmigiano-Reggiano ralado

pimenta preta moída na hora

1. Em uma panela média, leve 4 xícaras de água para ferver. Adicione o farro e sal a gosto. Cozinhe até que o farro esteja macio, mas ainda mastigável, cerca de 30 minutos. Escorra o farro e coloque-o em uma tigela.

2. Em uma panela pequena, refogue a cebola no óleo em fogo médio até dourar, cerca de 10 minutos.

3. Coloque uma grade no centro do forno. Pré-aqueça o forno a 350 ° F. Unte uma assadeira pequena grande o suficiente para acomodar os tomates.

4. Lave e seque os tomates. Corte uma fatia de 1/2 polegada de espessura do topo de cada tomate e reserve. Usando uma colher pequena, retire o interior dos tomates e coloque a polpa em uma peneira de malha fina colocada sobre uma tigela. Coloque as cascas de tomate na assadeira.

5. Na tigela com o farro, adicione o líquido do tomate coado, cebola refogada, queijo e sal e pimenta a gosto. Despeje a mistura nas cascas de tomate. Cubra os tomates com os topos reservados.

6. Asse por 20 minutos ou até que os tomates estejam macios. Sirva quente ou em temperatura ambiente.

Tomate Recheado Romano

Pomodori Ripieni alla Romana

Rende 6 porções

Este é um prato romano clássico, normalmente consumido à temperatura ambiente como primeiro prato.

1/4 xícara de arroz de grão médio, como Arborio, Carnaroli ou Vialone Nano

Sal

6 tomates grandes redondos

4 colheres de sopa de azeite

3 filés de anchova bem picados

1 dente de alho pequeno, bem picado

1/4 xícara de manjericão fresco picado

1/4 xícara de Parmigiano-Reggiano ralado na hora

1. Leve 1 litro de água para ferver em fogo alto. Adicione o arroz e 1 colher de chá de sal. Reduza o fogo e cozinhe por 10 minutos ou até que o arroz esteja parcialmente cozido, mas ainda bem firme. Seque bem. Coloque o arroz em uma tigela grande.

2. Coloque uma grade no centro do forno. Pré-aqueça o forno a 350 ° F. Unte uma assadeira grande o suficiente para acomodar os tomates.

3. Corte uma fatia de 1/2 polegada da parte superior dos tomates e reserve. Usando uma colher pequena, retire o interior dos tomates e coloque a polpa em uma peneira de malha fina colocada sobre uma tigela. Coloque as cascas de tomate na panela.

4. Na tigela com o arroz, acrescente o líquido do tomate coado e o azeite, as anchovas, o alho, o manjericão, o queijo e sal a gosto. Mexa bem. Despeje a mistura nas cascas de tomate. Cubra os tomates com os topos reservados.

5. Asse por 20 minutos ou até o arroz ficar macio. Sirva quente ou em temperatura ambiente.

Tomates Assados com Vinagre Balsâmico

pomodori balsâmico

Rende 6 porções

O vinagre balsâmico tem uma maneira quase mágica de realçar o sabor dos vegetais. Experimente este prato simples e sirva como aperitivo ou com carnes.

8 tomates ameixa

2 colheres de sopa de azeite

1 colher de vinagre balsâmico

Sal e pimenta-do-reino moída na hora

1. Coloque uma grade no centro do forno. Pré-aqueça o forno a 375 ° F. Unte uma assadeira grande o suficiente para conter os tomates em uma única camada.

2. Lave os tomates e seque-os. Corte os tomates ao meio no sentido do comprimento. Retire as sementes do tomate. Coloque as metades de tomate com os lados cortados para cima na panela. Regue com o azeite e o vinagre e polvilhe com sal e pimenta.

3. Asse os tomates por 45 minutos ou até ficarem macios. Sirva em temperatura ambiente.

carpaccio de abobrinha

Carpaccio em Giallo e Verde

Rende 4 porções

Eu comi pela primeira vez uma versão mais simples desta salada refrescante na casa de alguns amigos enólogos na Toscana. Ao longo dos anos, embelezei-o usando uma combinação de abobrinha amarela e verde e adicionando hortelã fresca.

2-3 abobrinhas pequenas, de preferência uma mistura de amarelo e verde

3 colheres de sopa de suco de limão fresco

⅓ xícara de azeite extra virgem

Sal e pimenta-do-reino moída na hora

2 colheres de sopa de hortelã fresca bem picada

Cerca de 2 onças Parmigiano-Reggiano, em 1 peça

1. Esfregue a abobrinha com um pincel em água fria corrente. Apare as pontas.

2. Em um processador de alimentos ou fatiador de mandolina, corte a abobrinha bem fina. Coloque as fatias em uma tigela média.

3. Em uma tigela pequena, misture o suco de limão, o azeite e sal e pimenta a gosto até ficar homogêneo. Adicione a hortelã. Polvilhe com a abobrinha e misture bem. Espalhe as fatias em um prato raso.

4. Usando um descascador de legumes, corte o queijo parmesão em fatias finas. Espalhe as fatias sobre a abobrinha. Sirva imediatamente.

www.ingramcontent.com/pod-product-compliance
Lightning Source LLC
Chambersburg PA
CBHW071428080526
44587CB00014B/1770